ベーシックマスター
よくわかる
建築設備

一般財団法人　職業訓練教材研究会

目　次

第1章　建築設備の概要 ……………………………………………… 1
第1節　設備の種類 ……………………………………………………… 2
第2節　設備の計画 ……………………………………………………… 3
2－1　地域性（3）／ 2－2　立地条件（3）／ 2－3　周辺環境（4）／
2－4　将来対応（4）

第2章　給排水・衛生設備 …………………………………………… 6
第1節　給水設備 ………………………………………………………… 6
1－1　水道水と井水（7）／ 1－2　給水方式（8）／
1－3　給水装置（10）／ 1－4　給水配管（11）
第2節　給湯設備 ………………………………………………………… 12
2－1　燃焼機器（12）／ 2－2　給湯温度（16）／ 2－3　給湯配管（16）
第3節　排水設備 ………………………………………………………… 17
3－1　排水の特徴（17）／ 3－2　排水設備の分類（18）
3－3　排水・通気系統の種類（18）／ 3－4　排水方式（18）
3－5　排水配管（20）／ 3－6　排水管以外の排水設備（20）
第4節　浄化槽設備 ……………………………………………………… 21
4－1　浄化槽の種類（21）／ 4－2　浄化槽の仕組み（22）／
4－3　浄化槽の構造（22）
第5節　衛生器具設備 …………………………………………………… 23
5－1　衛生器具の分類（24）／ 5－2　給水器具の種類（24）
5－3　水受け容器の種類（25）／ 5－4　排水金具の種類（26）
5－5　付属品の種類（26）／ 5－6　便器の種類（26）
5－7　浴室（27）／ 5－8　キッチン（28）

第3章　電気設備 ……………………………………………………… 29
第1節　電気設備 ………………………………………………………… 29
第2節　電気工事 ………………………………………………………… 30
2－1　引き込み工事（30）／2－2　配線・配管材料（31）
第3節　照明設備 ………………………………………………………… 32
3－1　住宅の照明設備（33）／ 3－2　ランプの種類（33）／
3－3　明るさの単位（35）

第4節　昇降設備 …………………………………………………………… 37
　　4－1　エレベーター（37）　／　4－2　エスカレーター（37）
　第5節　情報通信設備 ……………………………………………………… 38
　　5－1　電話設備（39）　／　5－2　インターホン設備（39）　／
　　5－3　ＴＶ受信設備（40）　／5－4　ＣＡＴＶ設備（ケーブルテレビ）（40）　／
　　5－5　光ファイバー通信設備（40）

第4章　空気調和設備 ……………………………………………… 42

　第1節　空調設備 …………………………………………………………… 42
　第2節　換気設備 …………………………………………………………… 43
　　2－1　換気扇（44）　／　2－2　レンジフード（45）　／　2－3　全熱交換器（46）
　　2－4　結露防止（47）　／　2－5　湿り空気線図（47）
　第3節　冷暖房設備 ………………………………………………………… 49
　　3－1　ヒートポンプ（49）　／　3－2　ルームエアコン（50）　／
　　3－3　暖房設備（50）
　第4節　空気清浄 …………………………………………………………… 51

第5章　その他の設備 ……………………………………………… 53

　第1節　ガス設備 …………………………………………………………… 53
　　1－1　都市ガス（53）　／　1－2　ＬＰガス（54）　／　1－3　ガスの特徴（54）
　　1－4　ガス配管（54）
　第2節　消防設備 …………………………………………………………… 55
　　2－1　消防設備の種類（55）　／　2－2　火災の消火の方法（56）　／
　　2－3　消火設備（57）
　第3節　防犯設備 …………………………………………………………… 57
　第4節　その他の設備 ……………………………………………………… 58

第6章　次世代住宅 ………………………………………………… 60

【練習問題の解答】……………………………………………………………… 61

第1章　建築設備の概要

　普段，我々が生活している中で，顔を洗う，料理を作る，風呂に入る，トイレで用を足す，ＴＶを見る，携帯電話を充電する，寒暖の差が厳しい日にはエアコンをつけるといった日常生活を支えているのが，実は建築設備である。毎日，一番身近に接しながら，意識することなく当たり前のように利用しているが，ひとたび故障や不具合が発生すると，途端に生活が滞ってしまい，一転して不自由な生活を強いられる。設備を修繕するためには，その設備専門の業者に修理を依頼しなければならないケースが多く，我々の目に見えない裏の部分で多くの生活を支えているのが，建築設備の特徴である。

　以前は，とにかく快適な生活居住空間を追求することが，建築設備にとっての大切な使命であったが，近年では，地球規模の温暖化や化石燃料の枯渇を考慮し，「エコ」や「リサイクル」といったキーワードを元に，自然エネルギーを利用した省力化や自然環境の負荷低減を図る方向へと目的意識が変化している。それとともに，高齢化社会が進行している中で，バリアフリー*といわれる高齢者に対応した設備の充実や改善もまた，推し進められている。

　建築設備は，特定少数の利用を目的とした住宅向けの設備と，公共施設や商業施設などの不特定多数が利用する施設向けの設備に分けることができるが，個人と万人向けの使用については当然，その設備に対する消費量や耐久性などで大きく異なってくる。本書では，主として２～３階までの木造やプレハブなどの戸建住宅において必要な建築設備について述べる。

---

*　**バリアフリー**：高齢者や身体障害者などが利用しやすい環境を整備することをいい，住宅内では，段差レスやスロープの設置，手すりの取付け，器具の自動化，スイッチ類の大型化などを指す。

第1節　設備の種類

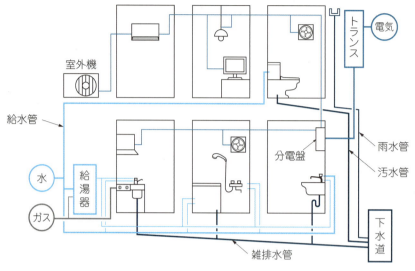

図1－1　建築設備の概念図

建築設備といわれるものには，次の種類*がある。

a．給排水・衛生設備：飲料水を安全に供給し，消費された水を適正に排出する。
　① 給水設備
　② 給湯設備
　③ 排水設備
　④ 浄化槽設備
　⑤ 衛生器具設備

b．電気設備：電気エネルギーを安全に供給し，熱や照明，動力として消費する。あるいは信号に変換して，通信として利用する。
　① 電気設備
　② 照明設備
　③ 昇降設備
　④ 通信設備（弱電設備）

c．空気調和設備：室内の温度や湿度等の空気環境を適正かつ快適に保つ。
　① 空調設備
　② 換気設備
　③ 冷房設備
　④ 暖房設備

＊　これらの設備は，公共施設や商業施設の建物，共同住宅を含めた上での種別なので，一般の戸建住宅で使用される建築設備には，直接関係がないものも含まれている。

d．その他の設備：居住する上で必要なエネルギーの供給と危険を未然に防ぎ，生活の安全を守る。
　① ガス設備
　② 消防設備（消火設備）
　③ 防犯設備（ホームセキュリティ）
　④ 上記以外の設備（太陽光発電，家庭用燃料電池設備等）

第2節　設備の計画

　建築設備を計画する上で前提となるのは，建物を建てる場所の地域性・立地条件・周辺環境という実空間的計画と，将来の生活環境の変化や設備の更新に対する未来的計画，そこに居住する人の要望と予算である収支的計画である。予算と時間さえ許せば，すべての要求を満たした設備は可能であるが，現実には難しいので取捨選択を行うことになる。

2－1　地域性

　日本は，縦長の国土であるから，北と南では，設備に対する考えは全く異なってくる。冬の間，長く雪に閉ざされる地域があれば，同時期に半袖で生活している場所もある。たとえば，北海道や東北地方，日本海側の豪雪地帯などの寒冷地では，冬は物資が凍結するという考えを持っていなければ，ある日突然設備が全く使用できなくなり，人命に関わる事態になりかねない。給排水管や熱源設備（ボイラー・暖房器具）を凍結による使用不能や破損から守るために，保温断熱の仕様を強化すると共に，室内の密閉性が高いので換気の考慮も必要となる。一方で沖縄や太平洋側の温暖な地域では，冬でも凍結の心配はなく，暖房設備についての考慮もさほど必要ない。季節により，その地域での使用するエネルギー量も変わってくるため，消費されるエネルギーのコストも考慮しつつ，年間を通じた気象環境（①気温　②湿度　③降雨量・降雪量　④日照時間・風の強さ）に配慮しなければならない。

2－2　立地条件

　敷地で利用できるインフラ設備がどの程度整備されているか，その量と質を調査・確認する必要がある。インフラとは，正式にはインフラストラクチャーといい，電気，ガス，上下水道，電話，インターネットなどの社会にとって必要不可欠な基盤設備のことである。災害時に損害を受けた場合は，まず，これらを最優先して復旧作業に当たることになる。

建築設備は，このインフラからほぼ供給されるものであるから，その土地における仕様を十分に理解しておく必要がある。
- 電力の周波数は50Hzか60Hzか。
- ガスは都市ガスかLPガスか。
- 上水道の給水圧力はどのくらいか。
- 下水道は公共下水道が完備されているか，それとも浄化槽か。
- TV放送などの電波障害はないか。衛星放送は受信できるか。
- 電話やインターネット回線，ケーブルテレビの引き込みは可能か。

2-3 周辺環境

建物を建てる敷地に面している道路や隣地・周辺の建物との位置関係を確認する。上記で説明したインフラは，一般に公共道路面から引き込まれてくるものであるから，それぞれの引き込みできる位置の確認をしておかなければ，敷地内で無駄な配管や配線を行うことにもなりコストが上がってしまう。例えば，給水ならば引き込み位置の近くにキッチン，浴室，洗面所やトイレなどの水回り設備の配置を集約することにより，無駄をなくすことができるし，メンテナンスも楽になる。また，設備機器の設置に際して，隣地の建物との間の距離をあらかじめ考慮しなければ騒音等のトラブルの元になる。
- どの道路面に，上下水道やガスが埋設されているか。
- 電気，電話の引き込みは，電柱の架空からか埋設からか。
- 排気口や給湯器，エアコン等の設置位置が隣地に排気や騒音の影響を与えないか。
- 給湯器や屋外設置機器の設置位置にメンテナンスを行うスペースがあるか。
- 窓や外気取入れ口が，車の排ガスや隣の排気口から影響を受けていないか。

2-4 将来対応

設備機器の耐用年数は，現在8～15年前後であり建物の寿命より短い。近年は安全を考慮し，故障の際は修理というよりは新しいものに更新するという形に変わってきているので，耐用年数まで使用することは少なくなっている。他にも，電化製品や衛生器具等の設備における省エネ性能の向上により，電気代や水道代のランニングコストを考慮しての機器の更新も行われている。したがって，設備を計画する時点から既に，次の設備更新時期をにらんで，設備機器の修理交換がしやすいシステムをあらかじめ考慮することが重要であり，建築設備には，必ずメンテナンスが発生することを念頭に置いて設備計画を行うことが大事である。メンテナンスがまともにできない住宅は，欠陥住宅に等しいといえる。

練習問題

設備計画の中で、正しいものには○を、間違っているものには×をつけよ。
(1) 日本は国土が小さいので、地域性については特に考慮する必要はない。
(2) インフラ整備は国や自治体が主導して行うものなので、どこにおいても平等な供給を受けられる。
(3) 設備はなるべくまとめて、メンテナンスを考慮して配置すべきである。
(4) 建物と設備の耐用年数は、あまり変わらないので設備が故障する頃には、建て替えを考える必要がある。

第2章　給排水・衛生設備

　我々が飲み水として使用している水，いわゆる飲料水に関わる設備を給排水衛生設備といい，居住する空間においては必需の設備である。この設備は，人体に直接的な影響を及ぼすものなので，安全衛生面については特に気を使わねばならない。また，給水と排水は表裏一体であり，どちらの設備が欠けても成り立たなくなる対等な関係であることを認識しなければならない。

> **上下水道と給排水の違いについて**
> 　水道は，水そのものの総称で，上水道は使用される前の「飲み水としての水道」，下水道は使用された後の「飲み水として使えない水道」に対しての表現になる。また，下水道水を処理し直して，飲料水以外の水道の用途として再利用する場合の水は，中水道（工業用水道）といういい方をする（最近は再生水ともよんでいる）。給水とは，上水道を各家庭に供給することを指す。具体的には道路下に埋設されている配水管から，分岐して各家庭の敷地内に引き込まれる上水道のことを給水，家庭内で使われた汚れた水を敷地の外まで排除することを排水といい，敷地の外に出た段階で，下水道という区分けがなされている。

第1節　給水設備

　給水設備とは，飲料水としての水を配管によって供給して，キッチンの水栓や浴室のシャワー，あるいはトイレの手洗いや洗浄用として使用するための設備のことである。

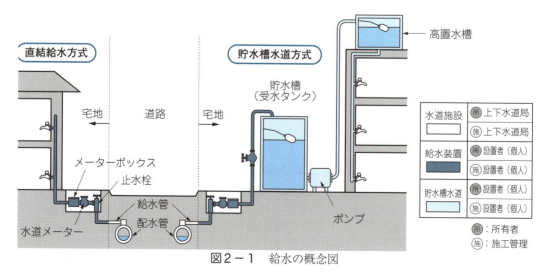

図2－1　給水の概念図

＊　**水道事業者**：水道を供給している企業のこと。日本では，ほとんどを都道府県市区町村のいずれかの自治体が運営している。

1－1 水道水と井水

　水道水は，河川から引き込み，あるいは地下水をくみ上げて浄水場に送り，不純物の除去，浄化および消毒のための塩素注入を施すことによって，飲用に適した水として，水道事業者*が供給している水のことであり，浄水場から道路下に埋設された配水管を通して，各戸へ供給されている。塩素消毒液は，主に次亜塩素酸ナトリウムが使用されており，末端の給水栓において，遊離残留塩素0.1mg/L以上を保持することが定められている。万が一，この残留塩素が検出されない場合は，水質汚染・汚濁の恐れがあるのでただちに使用を禁止し，調査が必要である。水道水には，水道法の水質基準に関する省令により，51項目の基準が定められている。（水道法第4条第2項の規定に基づく水質基準に関する省令）

　井水は，地面に井戸穴を掘り地下水脈からポンプによってくみあげた水のことである。地下水であるので，地域によって水質が異なり，硬度やミネラル分にかなりの違いが見られる。保健所等の水質検査機関で水質検査を行い，検査基準に適合していれば消毒をすることなく，そのまま飲料水として使用することができる。地下水の水温は，年間を通じてほぼ18℃に保たれており，夏は冷たく，冬は暖かく感じられる。市販されているミネラルウォーターは，地下水を原水として処理したものである。

> 　かつては，地下水を工業用水や農業用水，融雪用として多量にくみあげて使用したことにより，地盤沈下が発生して大きな社会問題になった。現在では，地下水の使用を規制している地域もあり，適正利用のあり方が議論されている。

　給水設備は，飲料水として供されるものであるから，水質汚染の防止に努めることが第一で，衛生管理に特に気を遣わなければならない。そのためには，下記の項目を厳守する。

（1）クロスコネクションの禁止

　クロスコネクションとは，水道水の配管を，それ以外の配管と接続することをいう。したがって，飲料水として使用できる井水配管との接続も行ってはならない。また，一旦受水槽などの水槽に入った水道水は，大気に触れた状態になるので，同じ水道水であっても水槽の前後で接続することは禁止されており，絶対に行ってはならない行為である。

（2）逆流防止

　水道水が断水した場合，配管内が負圧となり，汚水などの汚染された水が吸引されて配管内に逆流する危険性がある。これを防止するために，水栓などの衛生器具には，吐水口空間を設けるか，逆止弁の取付け，バキュームブレーカ（真空破壊装置）を設置して，逆流を防止しなければならない。

(3) 停滞水の防止（死水防止）

　水道水には塩素が含まれているが，配管内で長時間停滞していると次第に塩素が消えてしまい，安全な水でなくなる。末端に水栓がついていれば，適宜開放することにより防げるが，配管の途中で袋小路のような行止まりの状態で止水してしまうと，その部分の水は使われないままになるので，そのような水が停滞する構造の配管施工を行ってはならない。

(4) ウォーターハンマの防止

　水栓などを急激に閉めたときに，配管内からガタガタとかガーンカーンという騒音や振動が発生することがある。これは，水の流れを急激に止めると，水の流れるエネルギーが行き場を失って，閉鎖された配管内をひたすら往復して衝撃を発生させているのが原因である。この現象を水撃作用（ウォーターハンマ現象）といい，この衝撃の度合いによっては，配管の継手の離脱漏水や設備の破壊を引き起こす。これを防止するには，配管内の流速を下げるか，急閉止を防止する水撃防止装置などを取り付ける必要がある。

(5) 耐圧，耐食，防食および耐寒性を有する性能

　飲料水の水質汚染防止のためには，使用する配管材や機器などに対し，耐圧性，耐食性，防食性，耐寒性等の内外面からの汚染に耐えられる性能を備えた材料を使用しなければならない。

1-2 給水方式

　給水方式には，配水管からの水圧をそのまま利用して供給する方法と，一旦水槽に貯留してから供給する二通りの方法がある。さらに，その中で水圧不足に対して，ポンプの加圧を利用するもの，ポンプで一旦高いところに揚水してから落差（位置エネルギー）を利用して供給する方法など，建物の高さや用途，使用水量に応じた方式がある。

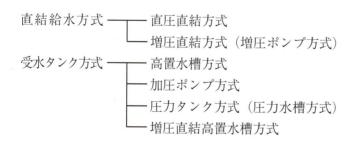

> **水槽のよび方について**
> 　地上や地下室に設置されている水槽は受水槽といい，屋上などの高い場所に設置する水槽を高置水槽または高架水槽とよんでいる。一般的には，屋上塔屋の上 0.6 m 以上の基礎に設置する水槽を高置水槽，2 m 以上の鉄骨架台を設けてその上に設置する水槽を高架水槽とよび分けているが，ここでは，高置水槽で統一する。

（1）直圧直結方式

水道の配水管の圧力で，そのまま蛇口まで給水する方式。

（2）増圧直結方式

給水管と加圧ポンプを直接接続することにより，配水管の圧力と加圧ポンプの圧力を利用して増圧し各戸に供給する方式。水槽を使用せずに，高層階まで圧力のある給水を送ることができ，かつ水質汚染の心配がないということで，今後の主流になりうる方式であるが制約も多い。この方式は，以前は近隣の建物の給水圧力に影響を与えるということで一切認められていなかったが，水槽での水質汚染事故の懸念を考慮し解禁に踏み切った経緯がある。

（3）高置水槽方式

一旦受水槽に水を貯めてから，ポンプによって屋上に設置された高置水槽まで揚水し，そこから落差を利用して供給する方式。位置エネルギーを利用するので，圧力の変動はなく常に一定であるが，高置水槽に近い高層階ほど圧力がないのが欠点である。また，受水槽と高置水槽で2回，大気に触れて貯留することになるので，水質汚染の心配がある。

（4）加圧ポンプ方式

一旦受水槽に水を貯めてから，加圧ポンプの圧力によって水を押し上げて各戸に供給する方式。高置水槽からの位置エネルギーでなく，加圧ポンプの圧力を利用するので，ポンプの能力をあげることで高層階でも十分な水圧が出る。ただし一度に多量の水を使用した場合は，ポンプの圧力低下変動の影響を受けるので，一時的に水圧が下がることがある。

（5）圧力タンク方式

加圧ポンプで増圧した圧力を，別置きの圧力タンクに蓄積しながら使用する供給方式。上記の加圧ポンプ方式の途中に大形の圧力タンク（上部に空気が貯めてある）を設けたものである。元々，加圧ポンプには小型の圧力タンクが付属しているが，それよりももっと大きなタンクを設置することにより，ポンプの頻繁な運転をせずにすむという利点がある。

（6）増圧直結高置水槽方式

受水槽を使用せずに，増圧ポンプで直接高置水槽に揚水する方式。その後は高置水槽と同じく各戸へ供給を行う。

3階までの戸建住宅の場合は，基本的には直圧直結給水方式が可能*であり，蛇口をひねればそのまま水が出る。その他の方式は，設備に不具合が発生すると，水が使用できなくなったり，水槽の清掃やポンプ点検等のメンテナンスが定期的に必要で維持費がかかる。水道事業者は直結給水方式を推進しており，水槽を設置しての供給は減少傾向にあったが，水槽方式は，災害時における防災用水として見直されている。

* 以前は，直圧直結給水方式は2階までしか認められておらず，3階に給水を行う場合は3階のみ受水槽を設置した加圧給水方式を併用していたが，現在は3階までの戸建住宅の場合は特例直圧直結給水方式として認められている。

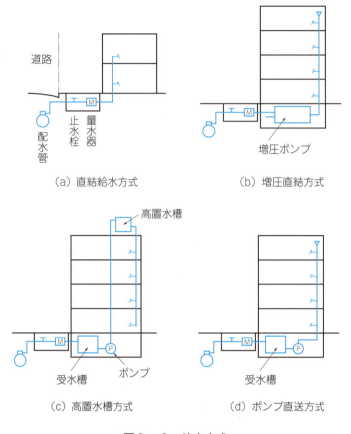

図2-2　給水方式

1-3 給水装置

　水道水は，道路に埋設された配水管にサドル分水栓を取り付けて分岐することにより，各戸へ給水されるが，このサドル分水栓から各家庭内に供給する段階で配水管から給水管へと名前が変わり，末端の水栓や器具まで供給される。この給水管から末端水栓までの設備を「給水装置」とよんでいる。途中，宅地内に設置される水道メーターは，使用量を計測して水道料金を請求するためのもので水道事業者からの貸与であるが，それ以外の給水装置は全て使用者の財産に当たるので，自ら管理をしなければならない。ただし，財産といっても給水装置の勝手な改造は許されていない。

　直結給水方式の場合は，この給水装置の末端の水栓まで，水道事業者が水道水の水質管理責任を背負うことになる。貯水槽方式の場合は，水槽に貯留した段階で水道事業者の責任範囲から途切れて，以後の水道水の品質管理は水槽を管理保有している者の責任となる。これらの給水装置の工事を行うには，水道事業者から給水装置工事事業者としての指定許

可が必要で，この許可を受けた業者でなければ施工を行ってはならない。

1－4 給水配管

　給水配管は，配水管から水道メーターまでは，水道事業者により使用できる材料が指定されているが，メーター以降の給水管は，厚生労働省の「給水装置の構造及び材質の基準に関する省令」に適合している管であれば，基本的にはどれでも可能である。ただし，水道事業者によっては，使用材料を指定している場合もある。

　配管材には大変多くの種類があるが，戸建住宅であれば，ふつうは樹脂管類*が使用されている。代表的な管材としては，次のものが上げられる。

　　　　　　　硬質ポリ塩化ビニル管（VP）
　　　　　　　耐衝撃性硬質ポリ塩化ビニル管（HIVP）
　　　　　　　架橋ポリエチレン管（PE または XPEP）
　　　　　　　ポリブデン管（PB または PBP）

　この中では，硬質ポリ塩化ビニル管（以下塩ビ管と称す）が，もっとも多く使用されている。コストが一番安く，錆が発生せず50年以上使用されている実績がある。ただし，衝撃や温度差に弱く，低温時は割れが発生しやすい欠点があった。それを改良したのが耐衝撃性硬質ポリ塩化ビニル管である。使い勝手と信頼性は，こちらの方がよい。

　また，近年主流となりつつあるのが，架橋ポリエチレン管である。耐食性は同等であるが塩ビ管と比べ，軽量で柔軟性があり，自由に曲げることができる。塩ビ管よりも内面が平滑であるので抵抗が少なく，何よりも耐寒・耐熱性があるので，給湯にも使用可能である点が優れている。ただし，紫外線には弱いので屋外放置は厳禁であり，少しでも傷がつくと漏水を起こすが，これ1本で給水と給湯の配管が兼用できるため，施工時の負担が少ない。現場でポリ管の被覆に，赤や青色で着色されているのを見かけるが，これは，被覆の色で給水管と給湯管を判別できるようにしているだけで，中身のポリエチレン管も継手も，全く同じものである。ハウスメーカーの住宅では，標準仕様となっているケースも多い。塩ビ管に比べ施工性も非常に優れており，短時間で施工でき，専門的な技能をほとんど要しない。しかし，配管材の継手の価格が塩ビ継手に比べ圧倒的に高額で，全体的なコストを考慮した場合，塩ビ管の方が安価になるため，塩ビ管に取って代わるまでには至っていない。

＊　塩化ビニル管は塩化ビニル樹脂，ポリエチレン管はポリエチレン樹脂，ポリブデン管はポリブデン樹脂が主な原材料であるので，いずれも樹脂管類の一部であるが，塩化ビニル管は樹脂管とは別に塩ビ管のままで区別されることが多い。

第2節　給湯設備

　給湯設備は，水を加熱し，温水にして必要とする器具へ送るための設備である。湯を作る熱源燃焼機器は一般的にはボイラーとよばれているが，家庭用のものは給湯器（給湯機）という。かつては湯沸器ともよばれていたが，現在では湯を作り出すだけでなく，風呂の浴槽水を，自動的に湯張りをして保温まですることができるなど様々な機能がついているため，給湯器と称されるようになった。

　ボイラーには，瞬間式と貯湯式があり，瞬間式は熱交換器で瞬時に湯を沸かすので，給水管の圧力をそのまま給湯として利用できる。貯湯式の場合は，貯水している水を熱したときの膨張による缶破裂の危険性を考慮して，水圧を一定以下の圧力に落としてからタンクの中で湯を沸かすので，瞬間式と貯湯式では水圧の差が出る。加熱を行う機器の熱源燃料としては，ガス，石油，電気，太陽熱が使用される。

2-1 燃焼機器

（1）ガス給湯機器

　ガスを燃料として湯を供給する機器で，家庭用のものはほぼ瞬間方式で連続的に出湯することができる利点があり，湯切れの心配がない。リモコンを使用することで自由な温度設定で給湯を行うことが可能である。しかしガスを燃焼させるので，燃焼した排気ガスを適正に排出しなければ，死亡事故につながる危険がある。機器の設置は，屋外設置と屋内設置があり，屋外設置タイプは，決して屋内に設置してはならない。また，屋内設置タイプは，確実に燃焼ガスを屋外に排出できる措置をとらなければならない。

　ガス給湯機器の能力を表す表示は，16号や24号など「号数」で表示される。これは水温＋25℃の湯を1分間に1L供給できることを1号といい，号数が大きければそれだけ多く出湯することができる*ということになる。

　たとえば，16号の能力を持った給湯機器の場合，水温が20℃の時は20℃＋25℃＝45℃の湯を1分間に16L出湯することが可能である。冬場，水温が5℃の時は5℃＋25℃＝30℃の湯を1分間に16L出湯する能力になるので，これを45℃まで湯の温度を上げて使用する場合は，出湯量は10Lに減少する。同じ号数でも，機器に入る水温や出湯したい温度によって供給できる湯量が変わる。当然，地域や季節により水温は変わるので，能力に余裕をもった機種を選択しなければならない（実際は，配管や器具の抵抗などで使用できる能力はもっと下がるので注意する）。

＊　一般的には湯を使用する場合，16号ならば1ヶ所，24号ならば2～3ヶ所の同時使用が可能な計算になる。

> 給湯機器の必要な能力は，下記の計算式で算出することができる。
> 号数＝必要とする出湯量［L］×（設定温度－水温）÷ 25

（２）潜熱回収型ガス給湯機器（エコジョーズ）

　従来のガス給湯機器の熱効率が 80% 程度であったものを，約 95% にまで向上させた高効率機器のことである。従来，ガスを燃焼した排ガスは，200℃の高温でそのまま大気へ捨てていたが，この高排気熱をもう一度，余熱用として交換器に通し，二次利用することにより，従来のものよりも効率よく水を温めることを可能にしている。CO_2 の排出量も削減されるため，省エネルギー化に有効な機器である。

　従来の給湯機器と違い，排熱ガスを 2 次熱交換器に通す際に凝縮した水が燃焼中は常に一定量排出される。また，この水が酸性水＊であるので，機器内には中和器がついており中和処理が行われるが，それでも完全に中和することは難しい。したがって，この排水は地中に浸透させてはならず，汚水として取り扱うことが望ましいので，機器の設置に際して，排水設備も考慮しなければならない。

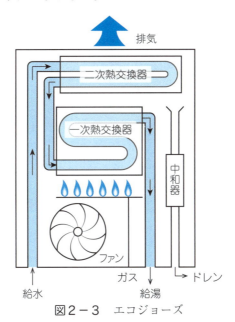

図２－３　エコジョーズ

（３）石油給湯機器

　石油を燃料としているもので，機能はガス給湯機器と同じであり留意すべき点も変わらないが，石油給湯機器には瞬間式の他に貯湯式（セミ貯湯式とよばれる）があり，水圧の弱い地域で使用されている（給湯用の加圧ポンプが内臓されている）。

　石油給湯機器の能力は，ガスのような号数でなく kW の出力表示で表される。ガスの

＊　ドレンが酸性水なのは，燃焼した排ガスの中に含まれる窒素酸化物や硫黄酸化物が酸性で，それが結露水の中に溶け込んでしまうからである。

能力表示「1号」がおよそ2.1kWの出力に相当するので,換算すると石油機器36.0kWの表示能力でガス機器の16〜20号,46.5kWで24号に相当する*。

(4) 電気温水器

　水タンク内に設置した電気ヒーターで湯を沸かすもので,いわゆる貯湯式のタイプである。火を使用しないので排ガスも出ず,運転音も静か,比較的安全性が高く環境にも優しい機器であるが,電気消費量が多いので,電力の割安な深夜帯に沸かすのが一般的である。ガス給湯機器とは違い,タンク内の沸かし上げの温度は一定で,70〜85℃の高温である。古い機器は,沸かし上げ温度のままで給湯が供給されていたが,最近の機器は混合ユニットを内蔵して,ガス・石油給湯機器と同じようにリモコンで設定した温度で出湯できるようになった。

　注意点として,沸かした湯を大量に使用すると湯が出なくなる湯切れの心配がある。水と混合して使用するので,タンクの容量以上の出湯が可能ではあるが,1日に使用できる湯量には限度がある。

　電気温水器には,減圧弁と逃し弁を必ず取り付けなければならない。大量の水を熱すると膨張して,圧力が高まり爆発する危険があるので,タンクに給水する際は,減圧弁で水圧を下げることにより沸かした湯の膨張を抑え,沸かし上げ時は膨張した分の湯を,逃し弁を通し排出することによりタンクの安全を保っている。そのため,耐熱性を有する排水設備が必要となる。また,給水は減圧されてタンクに補給されるので,ガス給湯機器に比べ,水圧が弱くなる点があげられる。

　電気温水器の能力は,タンクの容量で能力を表しているので,居住している家族の人数で容量を決めるケースが多く,およそ4人家族で370〜460L,一人暮らしで,150〜200Lクラスの設置を必要とする。

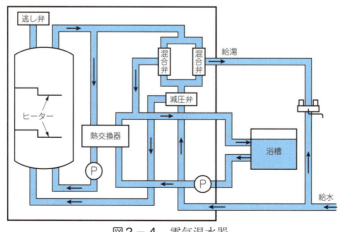

図2-4　電気温水器

* 1000Lの水の温度を1℃上昇させるために必要な熱量は,1000kcal(1.16kW)。

(5) エコキュート

自然冷媒（CO_2）を使用して熱交換を行って，湯を沸かす仕組みである。構造は，エアコンと同じ原理のヒートポンプ式を利用した給湯システムなので，エアコンの室外機に当たるヒートポンプユニットと，貯湯タンクユニットの2台で一対となる。そのため電気温水器以上に設置場所を必要とするが，自然エネルギーを冷媒として利用しており，従来のヒーターを使用する電気温水器よりも約1/3のエネルギーで湯を沸かすことが可能である。省エネ効果のある機器であり，新築やリフォームでの設置も増えているが，他の燃焼機器とくらべ高額である。

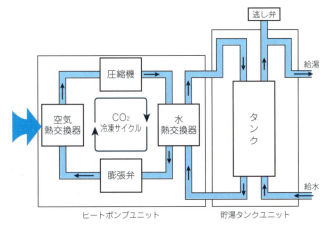

図2-5　エコキュート

(6) ソーラーシステム

ソーラーシステムは自然エネルギーである太陽熱を利用する給湯システムである。その名の通り，自然エネルギーである太陽熱を利用して湯を作り出すため以前から地球に優しい設備といわれていたが，ソーラーパネルは屋根に設置され，また配管が複雑になるなどメンテナンスに難がある。さらに季節や天候によって熱量が左右されるため，他の熱源機器と組み合わせて使用されることが多く，普及している地域と全く普及していない地域がある。

最近は，給湯システム用でなく，電力発電用としてソーラーパネルを設置している住宅も増えている。

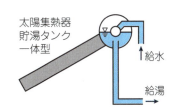

(a) 自然循環式

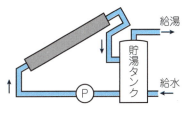

(b) 強制循環式

図2-6　ソーラーシステム

2-2 給湯温度

用途別の給湯温度を表2-1に示す。

表2-1　用途別の給湯温度

使用用途	使用温度 [℃]
飲　　　　用	85～95（実際に飲む温度は50～55）
入浴・シャワー	42～45（差し湯・追いだきは60）
洗　面・手　洗	35～40
ひ　げ　そ　り	45～50
ち　ゅ　う　房	40～45（皿洗機は60，皿洗機すすぎは80）
洗　　た　　く	絹および毛織物は33～37（機械洗いの場合は38～49） リンネルおよび綿織物は49～52（機械洗いの場合は60）

（出所　公益社団法人　空気調和・衛生工学会編「空気調和衛生工学便覧」第13版　第4巻　給排水衛生設備設計篇 P.136　許可を得て一部加工）

　給湯は高温（40℃後半）になるとやけどを負う危険性が昔からあったが，近年ではやけど以外で社会的な問題になっていることがある。家庭で使用されている瞬間式給湯器の場合は，ほとんど問題にならないが，貯湯式の給湯器を使用している場合，給湯温度が60℃未満で使用しているとレジオネラ属菌が繁殖する可能性がある。このレジオネラ属菌というのは，レジオネラ症という感染症を発生させ肺炎などを引き起こし，場合によっては死亡することもある。レジオネラ属菌は，60℃以上の高温か塩素消毒で死滅するが，水温が高い場合は水中の塩素が揮発しやすく短時間で塩素が消滅してしまう。そのため，長時間使用しないまま中低温で貯湯している場合は，繁殖する可能性が十分にあるので特に注意を要する。住宅では，かつて24時間風呂でレジオネラ属菌の発生が確認され，死亡事故が発生したことがあったが，現在の24時間風呂の機器は殺菌対策を施してあるので，きちんと指定されたメンテナンスを行っていれば心配はない。

2-3 給湯配管

　給湯配管を行う場合，給水と比べ水温が高いので，高温に耐えられる配管材を選択しなければならない。

　また，水温が高いということは，管自体も熱を持つことを意味し，そうなれば，施工に際しては配管の熱膨張を考慮しなければならない。給水の場合は，四季によって水温の変化があるものの，基本的には一日の温度変化はほとんど無視できる範囲である。一方給湯の場合は，使用量や時間帯によって常に水温が変化をしていると考えるべきなので，配管そのものも膨張や収縮を常に繰り返していることを考慮しなければならない。熱による膨

張収縮を無視すると，配管の損傷や漏水を招くので，スイベル継手や伸縮継手を配管途中の要所に設けることにより，熱の収縮を吸収することが必要である。

もう一つ，水温が高いということは，水中の酸素が分離しやすいということであり，気泡分離に対する処置も考慮する必要がある。具体的には，配管に勾配をつけて，水から分離した空気を高い位置まで送り出し，最頂部にエアーベントや空気抜き弁などの管内の空気を自動または手動で排出する装置を設けることにより，スムーズな排気を行い給湯の流れを妨げないようにすることが必要である。

せっかく，給湯器やボイラーで湯を作り出しても，供給する設備までの配管途中で温度が下がってしまうと，放熱ロスが出て熱効率が悪くなる。給湯管は給湯温度が下がらないように，管に外気との断熱保温施工を確実に行い熱効率を下げることなく，安定した温度で給湯を供給できるようにする。

第3節　排水設備

排水設備は，キッチンや浴室，トイレで使用された汚れた水を下水道や浄化槽まで流すための設備をいう。給水設備と同じ重要性を持っており，排水の不適切な処置は，疫病の発生やまん延にもつながるので，適切な排除を行わなければならない。排水設備は，地方自治体の条例で各々定められており，接続する下水道の管理者に届け出を必要としている。したがって，排水の施工も給水と同様に，下水道事業者から排水設備工事事業者の許可指定を受けた業者でなければ行うことができない。排水設備の設置には，下水道法が基礎となるが，実際は30以上の法規が関わってくる重要な設備である。

> 災害時には，飲料水等の給水の方に目がいきがちになるが，排水も給水と同様に重要である。排水が使用できなければ，トイレなどの汚水が流せなくなるので，衛生面での問題が懸念される。

3-1 排水の特徴

排水の特徴として，基本は自然流下であるということと，ありとあらゆるもの（物質*）が流されるということがあげられる。排水管に下がり勾配をつけることにより，重力によって自然に低い方へ流して下水管まで送る。地下などの下水管より低い位置にある排水は，排水ピットを設けて一旦そこに集めてから，排水ポンプを使用して地表近くまで機械排水を行い，下水管へ接続することになる。

水だけならば，管がどんなに急な勾配であっても流れるが，ありとあらゆるものを流す

＊　ここでいう物質とは，糞尿，総菜くず，廃油，髪の毛，糸くずなどのことである。

排水は，水と物質を搬送する役割を担っているので，適切な勾配を取らなければ，水だけが先行して流れてしまい，物質がその場に取り残され排水管の詰まりの原因となる。そのため，横引排水管は適正に流せるように管の口径と勾配が厳格に決められている。

一般に屋内排水管の場合は，2/100 もしくは 1/100 の下り勾配をとるように決められている*。1/100 の勾配とは，水平方向に 100mm 行ったとき，1mm 下がっていることをいい，2/100 勾配は，水平方向に 100mm 行ったときに 2mm 下がっていることをいう。

3-2 排水設備の分類

排水設備は，屋内排水設備と屋外排水設備に分けられる。屋内排水設備は，建物内に配管された排水管および接続されている排水器具のことをいい，屋外排水設備は，建物から排水管が屋外に出て屋外で接続されたますから埋設された排水管を通して，道路の公共下水道に流入するまでの設備をいう。

3-3 排水・通気系統の種類

宅地内の屋内排水設備の排水系統は，次の5つに分けられる。
汚　　水：トイレからの排泄物，いわゆるし尿を含んだ排水。
雑 排 水：汚水以外の流しや浴室，洗面所などから出た排水。
雨　　水：その名の通り，屋根や樋で受けて集められた雨水。
通　　気：配管内の空気の流通を行うために設けられた配管。
特殊排水：一般家庭以外の工場や事業所などから排除される排水。

戸建住宅の場合は設置された排水器具に対して，ほぼ単独で屋外のますへ配管されるが，集合住宅などでは，屋内排水管は上記の系統別に配管が立ち上がっており，それぞれの排水に接続されている場合がほとんどである。

また，上記の排水管が屋外排水設備になると，汚水と雑排水をひとまとめにして汚水管と称し，雨水のものは，雨水管とよばれることになる。

3-4 排水方式

屋外排水設備における排水方式には，合流式と分流式がある。合流式とは，汚水管と雨水管の2つをまとめて1本で汚水管として下水道へ流す方式をいい，分流式は，汚水管と雨水管は別々の配管でそれぞれの下水道に流す方式をいう。

合流式は下水道管が1本で済むが，雨水の排除を含めた処理能力の施設をもつ終末処理施設が必要になってくる。万が一，短時間で処理能力を超える大量の雨が降った場合は，

---

* 屋内排水管の勾配は，地域の条例によって異なる場合があるので，施工時は下水道管理者に確認する必要がある。

汚水とともに河川に流れ出てしまう心配がある。

　分流式は，汚水管と雨水管の2本の下水道管が必要となるが，終末処理施設の能力は，天候に左右されない分少なくて済み，また雨水には人為的な汚水が入っていないので，簡単な処理でそのまま河川に流すことが可能であり，河川の水質が守られやすいという特徴がある。

　合流式を採用している地域では，なるべく雨水を汚水管に流入させないように，雨水をそのまま地中に浸透させて排除する，雨水浸透ますや浸透管などの設置を奨励している。

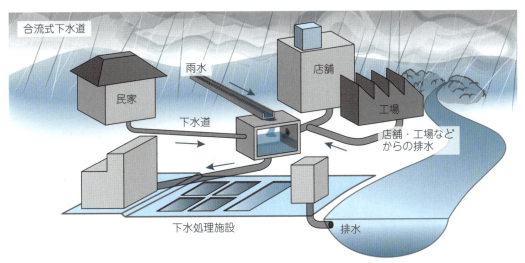

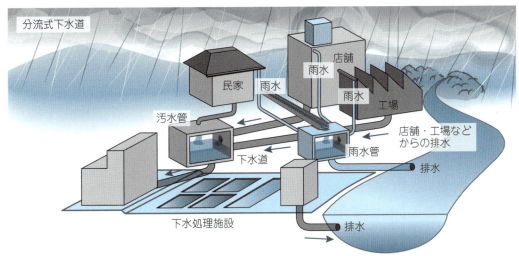

図2-7　排水方式の違い

3-5 排水配管

　戸建住宅の排水配管には、主に塩ビ管が使用されている。一部、耐火構造を必要とする場合は、耐火二層管といって、塩ビ管の外側にモルタル繊維を巻いた耐火性能を有する管を使用する。塩ビ管には、給水用として耐圧性のある厚肉管のＶＰ管と無圧用の薄肉管のＶＵ管がある。排水は基本、無圧なのでＶＵを使用することが多いが、集合住宅などではＶＰが使用されることもある。自然流下のため、管内に流れを阻害するような凹凸の段差が生じる配管を行ってはならない。また前述の通り、適切な勾配を取ることが重要である。

3-6 排水管以外の排水設備

（1）トラップ

　排水設備においては、排水管をそのまま室内で開放しておくと、排水管から害虫の侵入や下水の臭気の流入があり、不衛生となる。これを防ぐため、排水トラップを設置する。トラップとは、排水管または排水器具内に一旦立ち上がり部分を設けて、その部分に常に排水がたまる構造になっており、水によって蓋をすることで、室内を衛生的に保つことができる。この水の蓋の深さのことを封水深といい、一般的には深さが50～100mmと決められている。排水にとって重要な設備であるので、トラップが破封されないような排水管の施工が必要である。屋内での配管は、原則設置されている器具の排水トラップの口径以上のもので行う。

　トラップは、主に衛生器具側に設置されているものであるが、器具に設置されていない場合は配管の途中や屋外ますに、トラップを設ける必要がある。ただし、トラップには、一つの器具の排水管に2つ以上のトラップを設置してはならないという二重トラップの禁止の原則がある。トラップを2つ以上設置すると、トラップとトラップの間の配管内の空気の逃げ道がなくなり、排水不良を起こすため、絶対に行ってはならない。

　トラップには、排水にそのまま流してはいけないものを除去する機能を持った阻集器といわれるものがある。これは、トラップとしての機能を保ちつつ、逆に排水管に流してはいけない物質を阻集するという器具である。一般の家庭で設置されることはないが、飲食店などから排出される、油脂類や総菜くずなどを阻集するグリース阻集器や、ガソリンスタンドでのオイル流出を防ぐためのオイル阻集器などがあり、定期的な清掃を行って阻集物を回収しなければ、かえって排水つまりの原因となる。

（2）通気設備

　排水管は、汚水や雑排水を流す管ではあるが、それ以外にも空気だけが流通する管があ

る。これを通気管といい，排水管の中でも実は重要な役目を担っている。排水は重力による自然流下のため，管内は何も流れていないときは空気が存在しているだけである。少量の排水では管内の下部は排水が流れ，上部は空気が存在している状態にある。管の中が満水になって流れたときには，下流方向へ空気が押し出され，加圧状態となり，上流側は空気が少ない状態なので負圧が生じる。そうなると，下流側は空気が逃げ場を探して排水の流れを阻害し，また上流側では吸引作用で流れを阻害して，トラップの破封を引き起こすことになる。そこで，常に配管内の空気を大気圧と同じ状況にして，圧力変動を防ぐ役目をしているのが，通気管である。

　戸建住宅の場合は排水管の立て管をそのままの口径で延長して，建物の一番高い窓よりもさらに高い位置で大気に開放する伸頂通気管方式で配管されることが多い。外気の吸い込みと，管内空気の排出を繰り返し，下水の臭気がそのまま放出されるため，大気に解放する位置に注意する。

通気の種類
個別通気方式：器具ごとに通気を設けて立て通気管に接続する。
伸頂通気方式：排水立て管をそのまま延長して大気に解放する。
ループ通気方式：ビルなどでワンフロアの器具の数が多いときに，最上流部の器具の手前より通気を分岐して立て管に接続する。

第4節　浄化槽設備

　都市部など，公共下水道が整備されている地域では，一般家庭でのトイレや浴室，台所等から出る排水は，公共ますから道路下の公共下水道を通じて，生活排水として終末処理施設へ送られ，浄化してから河川に流している。一方，終末処理施設が構築されていない地域では，各戸に浄化槽という排水処理設備の設置が義務づけられている。

　浄化槽は，「浄化槽法（第2条の1）」という法律で「便所と連結してし尿及びこれと併せて雑排水を処理し，公共下水道以外に放流するための設備または施設をいう。」と定められているが，単に，汚水及び雑排水を終末処理施設と同じ働きをする水槽を通して，河川に放流しても問題ないレベルまで浄化することができる設備のことである。

4−1 浄化槽の種類

　浄化槽には，単独処理浄化槽と合併処理浄化槽の2種類がある。

単独処理浄化槽：糞尿，し尿のみを処理する設備。平成13年より新規設置は不可[*]。

[*] 古い単独処理浄化槽は，見なし浄化槽として継続使用は認められているが，合併処理浄化槽への転換をはかるように指導されている。

合併処理浄化槽：し尿および台所，洗面所，浴室，洗濯機等全ての生活排水を処理できる設備。

浄化槽の大きさを示す単位として人槽という言葉が使われる。これは，排水の処理能力を処理対象人員として換算した言葉で，単純に戸建住宅の場合は，建物の延べ面積 130m^2 を境に，未満は 5 人，以上は 7 人，二世帯住宅の場合は 10 人という算定方法で計画をする。要するに人槽といっても，単なる換算値であって，実際にその建物で生活する人数で算出するわけではない。

かつては単独処理浄化槽が一般的で，汚水のみ浄化槽を通して，雑排水はそのまま河川に垂れ流していた。しかし生活水準が上がってくると，洗剤や油脂類など有機物質を多く含んだ排水が，そのまま流れ出て行くようになり，河川は魚の住めないドブ川へと変貌してしまった。その後水質汚濁や海水汚染が深刻な社会問題となってきたため，現在は，合併処理浄化槽のみが認められている。

4−2 浄化槽の仕組み

もともと河川の水は，自ら水質をきれいにする自浄作用という働きを持っており，水中や川底に堆積している砂利石や礫層に付着している微生物が浄化の手助けをしている。河川の中では，おおよそ 3 つの作用で浄化が行われている。

接触沈殿：川の中の礫層の隙間に流れているうちに，大きな浮遊物を沈殿させる。
吸　　着：水の中は分子の働きで微弱な電流が発生するので，汚れが礫層に吸着する。
酸化分解：礫層に付着した汚れは，好気性微生物がエサとして食べ，水と炭酸ガスにまで分解放出され浄化されていく。

浄化槽は，この自然界の浄化作用である水中の微生物の働きを利用して，汚れた水を分解・浄化して，河川に流せる程度にきれいにしている。

4−3 浄化槽の構造

嫌気ろ床槽 1 室：ろ材というもので，浮遊物（固形物）を取り除く。嫌気性微生物で有機物を分解する。
嫌気ろ床槽 2 室：嫌気性微生物で嫌気ろ床槽 1 室と同様に有機物を分解する。
接触ばっ気槽[*]：送風機で強制的に空気を送り込むことにより，ばっ気槽内の排水を，酸素を多く含む形で循環撹拌させて，なるべく多く接触材に接触させる。好気性微生物は，接触材に付着しているので，接触が多ければ浄化していく能力も上がる。

[*]　ばっ気：液体の中へ空気中の成分を吹き込むことをいう。

沈　殿　槽：ばっ気槽で処理された水の中で分解されない固形物を沈殿させ，きれいな上澄み水を消毒槽に送る。

消　毒　槽：大腸菌や一般細菌に対して塩素消毒をすることによって，衛生的に安全な水として放流できるようにする。

　処理方法には，BOD除去型，嫌気ろ床接触ばっ気方式，高度処理型，脱窒ろ床接触ばっ気方式などがある。浄化槽を設置するには，基本的にはその地域の保健所に届け出が必要で，工事は浄化槽設備士の監督の下で，また設置後の定期的な保守点検は，浄化槽管理士によって行われなければならない。

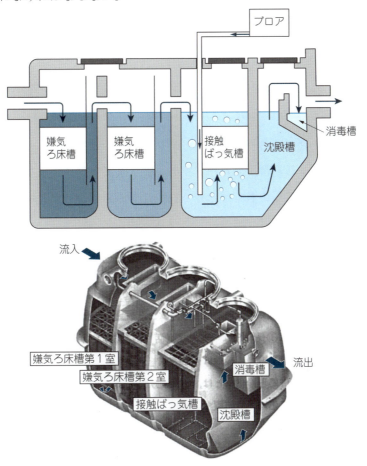

図2−8　嫌気ろ床接触ばっ気方式の浄化槽

第5節　衛生器具設備

　衛生器具*とは，水栓（蛇口），流し，便器，洗面器，手洗器，浴槽，シャワー金具等の水回りに使用される器具や付属品のことを指す。

* **衛生器具**：水を供給するために，液体又は洗浄されるべき汚物を受け入れるために，若しくはそれを排出するために設けられた給水器具，水受け容器，排水器具及び付属品をいう。

（公益社団法人　空気調和・衛生工学会　「SHASE−S206−2009」）

5-1 衛生器具の分類

衛生器具の分類を表2-2に示す。

表2-2　衛生器具の分類

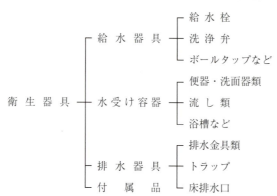

（出所：公益社団法人 空気調和・衛生工学会「SHASE-S206-2009 給排水衛生設備規準・同解説」P.14　許可を得て一部加工）

　また，衛生器具は，使用する材質においても，耐久性や安全性が求められるため，使用できる材質も限られる。最近は，優れたエンジニアリングプラスチック樹脂が登場し，給水器具などでは従来から使用されてきた銅や真鍮などの材料は，使われなくなってきている。

5-2 給水器具の種類

　水栓やシャワー金具，トイレのボールタップや洗浄弁であるが，水栓類は，非常に種類が多い。

シングルレバー温水混合栓

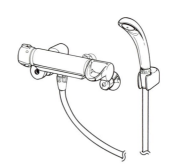
サーモスタット付き湯水混合栓

図2-9　水栓の種類①

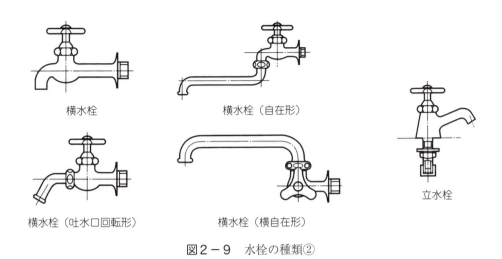

図2-9　水栓の種類②

蛇口の由来
　明治時代に水道が布設され始めた当時，輸入されていた水栓の頭には装飾が施されていた。その後，国産品として初めて水栓が製造された時に，輸入品の装飾にならって独自に龍をモチーフにしたものが作られた。この水栓が「蛇体鉄柱式共用栓」とよばれていたことに由来しているといわれている。

5-3 水受け容器の種類

　水受け容器という表現をしているが，単純に，トイレの便器や流し台，浴槽などのことを指し，つまりは一旦水を貯めたり，排水に流せる構造を持った器具のことをいう。

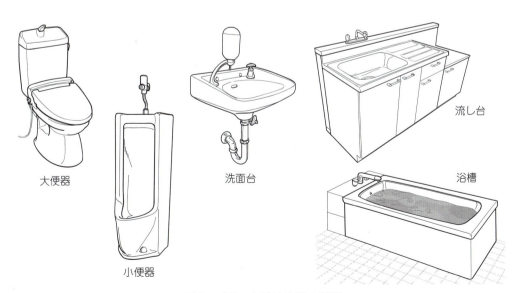

図2-10　水受け容器の種類

5-4 排水金具の種類

　排水設備の項で記載したが，ここでのトラップは，器具に内蔵されているか直接接続されているものを指す．図2-11にトラップの種類を示す．

　床排水口は，水受け容器以外で，水を集めて排水に導くための排水口のことである．在来の浴室の洗い場に設置されているものが該当し，たいていは，トラップの上に目皿がついている形である．

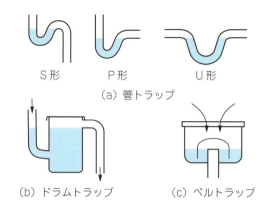

図2-11　トラップの種類

5-5 付属品の種類

　付属品は，衛生器具を使用するにあたって必要不可欠な器具を指し，洗面化粧台の化粧鏡やタオル掛け，手洗い器の水石けん入れ，トイレの紙巻器などがこれに該当する．

5-6 便器の種類

　大便器には，和式便器と洋式便器があるが，現在の住宅ではほぼ洋式便器が設置されている．和式便器のしゃがむという姿勢に対して，洋式は座る姿勢になるので，腰掛便器ともいわれている．便器の洗浄方式には，次のものがある．

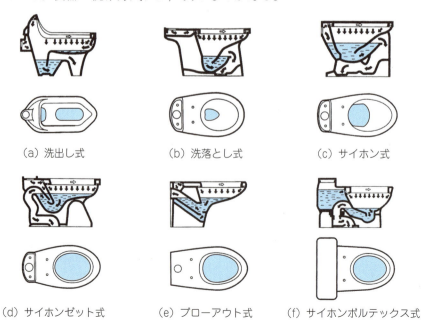

図2-12　便器の洗浄方式

以前は，洗浄能力の向上が優先されており，あまり節水は気にされていなかった。しかし全国的な渇水が発生して，断水などの給水制限が長期間に渡り続いたことにより，節水対策が急務の社会問題になってから節水型便器の研究が急速に進んだ。そのため現在ではいかに少ない水量で洗浄できるかという超節水と，手入れのしやすさというにところに重点が置かれている。一時期，メーカーは節水ばかりを競っていたことがあったが，逆に汚物が十分に流れないという問題もあって，現在は，大洗浄3.8～4.8L，小洗浄3.3～4.0L程度に落ち着いている。それでも，30年前の便器に比べ，1/3ほどの洗浄水量で済むので，かなりの節水になっているといえる。

　洗浄は，便器の上にタンクが取り付けられたタンク密結形が一般的であるが，最近は，タンクがないタンクレスタイプが増えている。タンクレスは，給水圧をそのまま利用して洗浄を行うが，瞬間的な流量不足で汚物が流れないこともある。リフォーム等で便器の交換を行う場合は，排水管の状況と給水動圧を確認し，機器の設置条件に合っているかどうかの見極めが必要である。

5-7 浴　室

　かつては，浴槽と洗い場とシャワー金具をそれぞれ配置して，床壁をタイルなどで仕上げて造作する在来工法が一般的であったが，現在は，ほぼユニットバス*による施工方法に変わっている。ユニットバスは，あらかじめ，工場で床の防水パンや壁，天井をFRPパネルで仕上げたものを，分割搬入して現地で組み立てて配管を接続するだけなので，在来工法の施工では3～5日かかる工期が1日で済み，室内の保温性もよく漏水の心配もほとんどないので，2階にも容易に設置できる。また躯体と独立して設置されるので，建物の柱構造に影響を与えずに済む。バリエーションが豊富で，段差がないタイプや仕上げがタイル貼りなどの高級感のある製品も出ているので，浴室設置場所の広ささえ決まれば，簡単に選択できる。また，給湯を全自動給湯器と組み合わせることにより，ボタンひとつで浴槽の湯張りから追い焚きまでを自動で行うので，浴室の環境が非常に良好になっている。

　ユニットバスのサイズ表示は主に室内寸法を表しており，1216サイズならば，室内寸法が1200mm×1600mmの大きさである。最近のユニットバスは壁面構造がスリムなっており，室内広さ＋100mm程度が設置可能寸法になる。ユニットバスの場合は，浴槽の排水と洗い場の排水を一つのトラップで，兼用している。

＊　**ユニットバス**：システムキッチンという名称にあわせて，システムバスともいう。

5-8 キッチン

　以前は，台所や流しというよび方であったが，現在は，調理を行う場所，またはその設備そのものをキッチンとよぶようになった。キッチンは，シンク（流し台），調理台，コンロ台，吊戸棚，レンジフードなどの機器を組み合わせて設置する。配置は，I型，L型，U型などのレイアウトがあり，最近ではアイランド型といわれる部屋の中央に設置するタイプもある。現在の新築住宅は，ほとんどが上記の機器の組み合わせをオーダーメイドして一体化したシステムキッチンを設置している。

　また，食器などの洗いものに食器洗浄機が設置されることが多くなってきた。食器洗浄機が普及する以前は，あまり問題にならなかったが，元来，流し台には，熱湯から氷水まであらゆる温度の排水が流される。一般の塩ビ管の耐熱温度は，間欠的に60℃程度が限界で，それ以上の高温では素材そのものが変形や劣化を起こす。食器洗浄機は，最高80℃ほどまでの高温の排水が連続的に流されるので，普通の塩ビ管を使用していると，変形して破損にいたる。現実に食器洗浄機設置後の漏水事故が多発しているので，食器洗浄機を取り付けた流し台の排水は，最低1m以上は耐熱性の管を使用すべきである。塩ビ管を使用する場合であれば，給湯配管用として使用されるHTとよばれるパイプを使用し，継手も耐熱用排水継手を使用する。

　家庭ではよくあることだが沸騰した湯をそのまま流したり，カップ麺の湯をそのまま捨てることは，配管の破損につながるので，避けるべきである。

練習問題

（1）給水設備で，注意しなければならないことについて5つあげよ。
（2）排水管の特徴は何か。
（3）次の文章のかっこの中に適当な言葉を入れなさい。
　トラップとは，（a）によって蓋をすることにより，下水からの悪臭や害虫の侵入を防ぐ役目をしており，封水深さが（b）mmと決められている。トラップは，一つの器具の排水管に（c）のトラップは設置してはならない。トラップの破封を防ぐために，配管内の（d）を大気圧と同じ状況にして，圧力変動を防ぐ役目をしているのが，（e）管である。

第3章　電気設備

　我々の日々の生活の中で電気は，動力，照明，冷暖房機器，電化製品等を使用するために毎日多くの消費がなされており，現代生活には欠かせないエネルギーであるが，巨大なエネルギーゆえに安全性と確実性と安定性の供給が常に求められる。

第1節　電気設備

　電気は，電気事業法で規定された電力会社などの電気事業者が，各家庭に対し交流電源の供給を行っている。日本では，電気を作る発電機が明治時代に輸入されたが，当時，関東ではドイツ製 50Hz の発電機を，関西ではアメリカ製 60Hz の発電機を輸入してそれぞれ使い始めたため，以来電力供給エリアの拡大の流れをそのまま継承する形で，2つの周波数が存在することとなった。現在は，静岡県の富士川と新潟県の糸魚川あたりを境に，東は 50Hz，西は 60Hz の周波数の電気が供給されている（一部混在している地域がある）。

　この周波数というのは，交流電源において，プラスマイナスが1秒間に切り替わっている回数を指す*。最近の電化製品は，ヘルツフリーといって，周波数に関係なく使用できる機器が増えたが，機器によっては対応している周波数が違うと，動かなかったり故障したりするものもある。

　供給電圧の種類を表3-1に示す。

表3-1　供給電圧の種類

	直　流	交　流
低　圧	750V 以下	600V 以下
高　圧	750V を超え 7000V 以下	600V を超え 7000V 以下
特別高圧	7000V を超えるもの	7000V を超えるもの

　発電所で作られた電気は，送電，配電が行われ，一般には 6600V の高圧ケーブルを電柱に張り巡らせて架空配線し，建物前あたりの電柱の上に設置された柱上変圧器によって，100 または 200V の低圧に変圧したのち，各住宅に引き込まれる。

＊　乾電池のような直流電源は，一定の方向に連続して流れるので，周波数という概念はない。

> 近年，都市部においては，共同溝といって，道路の地下に埋設された暗渠(あんきょ)内に電気や通信，水道，ガスなどをまとめて収容することにより，災害に強く，安定したライフラインの供給を保つための整備が進められている。これにより，電柱による景観を損ねることなく，また道路掘削による交通渋滞の軽減も図られている。

　以前は，交流単相2線式100Vが主流であったが，電力消費量の増大に伴い，現在は，交流単相3線式200Vが配線されている*。

　単相2線式は，電線が2本で引き込まれ，両端で100Vの電圧が出る。片方が電圧線・非設地側で，もう一方が中性線・設地側とよばれている。

　単相3線式は，電線が3本で引き込まれ，両端が電圧線で真ん中が中性線なので，上の電圧線または下の電圧線と真ん中の中性線を利用すれば，100Vが得られ，中性線を使用しないで，上下の2本の電圧線を利用すると200Vが得られる。（これを単相200Vという。）個人の住宅で200Vの電圧を利用できたのは，深夜電力を利用した電気温水器かセントラルヒーティングシステムを導入していた住宅くらいであった。現在では，安全性が向上し，エアコンやIHクッキングヒーターなど，一般のコンセントと同じようにプラグの差し込みで200Vを使用できる機器が増えている。

　図3-1に配線図を示す。

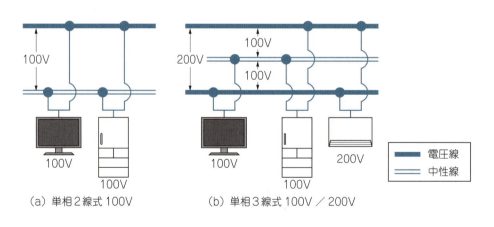

図3-1　配線の例

第2節　電気工事

2-1　引き込み工事

　電気は，主に電柱（一部は地下）から引き込まれ，電気メーター（積算電力量計）を経

＊　100Vは単相100Vしか存在しないが，200Vには単相200Vと三相200Vの2種類がある。単相100Vと200V回路は電灯とよばれ，三相200V回路は動力と区別される。動力は工場などで使用されており，戸建住宅に引き込まれて使用されることはまずない。

由して，室内の分電盤まで配線される。この電柱から建物までの配線を引込線といい，建物側の引込線取付点が，電気事業者と所有者（需要家*）側の保安責任・財産の分界点になる。また，取付点から分電盤のブレーカまでの太い配線を幹線という。

　分電盤には，アンペアブレーカまたは主開閉器，漏電遮断器，配線遮断器（安全ブレーカ）が設置されており，配線遮断器以降の配線を分岐回路とよんでいる。たとえば，ブレーカが10個あれば，10回路の分電盤ということになる。アンペアブレーカまたは主開閉器は，電力契約に応じたアンペア容量のものが取り付けられており，容量を超えて使用したときに，ブレーカで遮断する仕組みである。漏電遮断器は，配線や電化製品が漏電したときにすばやく感知して，電気が切れるようになっており，火災や感電事故を防ぐ役目をしている。配線遮断器（安全ブレーカ）は，各分岐回路で異常な電流が流れたときに，他に影響がないようその回路だけ遮断するスイッチである。

2-2 配線・配管材料

　屋内配線で用いられる絶縁電線は，ブレーカのアンペア容量以上の電流に耐えられる太さのケーブルを選定するが，絶縁物の耐熱特性から，同じサイズのケーブルでも種類や配線する場所によって，許容電流の大きさは異なる。特に，金属管や塩ビ管などにケーブルを配線した場合，放熱が悪くなるため許容電流値が下がり，配線周囲温度によっても下がってくる。戸建住宅で使用されるケーブルの種類を下記に示す。

引 込 線：SVケーブル，CVケーブル
主幹配線：CVケーブル，CVTケーブル
屋内配線：VVF・VVRケーブル，ＩＶ線

表3-2　ケーブルの太さによる許容電流

CV（気中暗渠布設）			VVF（気中暗渠布設）		
公称断面積（mm^2）	2芯	3芯	導体径（mm）	2芯	3芯
2.0	28A	23A	1.6	18A	15A
3.5	39A	33A	2.0	23A	20A
5.5	52A	44A	2.6	32A	27A
8.0	65A	54A	3.2	42A	36A

＊電線管に納めた場合は，許容電流が下がる。

　電線の形状には，単線とより線がある。単線のよび名は，1.6mmや2.0mmなどと銅線の直径（導体径）で表す。口径が太くなると施工性が悪くなるので，より線が使用される

＊　一般に電気では，電気を消費する立場の人を需要家とよんでいる。

が，この場合は，2.0mm^2，3.5mm^{2}と銅線の断面積（公称断面積）で表示をする。

　最近は，エコケーブルという，従来のケーブルよりも環境に優しい環境配慮型ケーブルが使用されることが多くなった。これは，ケーブルを廃棄処分にするときに絶縁被覆に有害なハロゲン元素を含まず，鉛などの重金属を含まない。燃焼時に有害なガスが出ずに発煙も少なく，リサイクルしやすい材料を使用しているのが特徴であるが，価格が高く施工性は従来のケーブルに比べあまりよくない。

　また，配線には，感電や漏電による事故を防止するためにアース線が大切な役割を果たしている。電子レンジや洗濯機などの機器には，コンセントプラグとは別に，必ず緑色のアース線が付属している。機器内の電気回路の絶縁が悪くなり，電気が金属物に漏れた場合，人がそこに触れると感電して危険な状態になる。そのときにアース線がしっかりと接続されていれば，漏れた電気は，アース線に逃げていくので，危険を回避できる。危険回避と安全の確保には，アースが重要である。現在はほとんどの機器にアース取付けが奨励されているが，特に家庭内のIHヒーターやエアコンの200Vの機器には，アースを必ず接続しないと危険である。

　電線の保護管として，配管の中にケーブルを通して配線することがある。戸建住宅の場合は，ビニル電線管とよばれる硬質塩化ビニル電線管（VE）か，合成樹脂製可とう電線管（PF管・CD管）が使用されるが，合成樹脂管の方が施工性がよいので，圧倒的に多い。PF管とよばれるタイプは，自己消火性があるため場所を問わず使用できるが，CD管とよばれるタイプは，自己消火性がないため土中やコンクリート以外での使用は好ましくない。

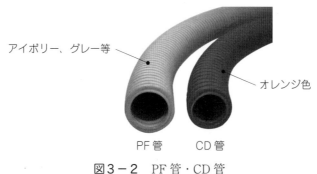

図3－2　PF管・CD管

第3節　照明設備

　照明は，人工的に周辺を照らすためのあかりである。基本的には，明るくすることで安全性と快適性を確保することが目的であるが，ただ明るければよいという訳ではなく，居

住者の生活や，光による心理学的影響が大きいことを考慮し，住宅の室内の広さや使用目的に応じた適切な照明を選択することが重要である。また，現在の照明設備は，経済性いわゆる省エネが求められている傾向にある。

3－1 住宅の照明設備

　住宅に使用される照明は，玄関やポーチの夜間照明，廊下などのダウンライト，リビングや寝室内を天井から全体的に照らすシャンデリアやシーリングライト，机の上を局所的に照らすスタンドなど，全般的に照らすものから局所的な明るさを必要とするものなど，場所ごとにさまざまである。

　家族団らんのときや，勉強に集中したり，読書や音楽を聴くなどのリラックスしている時に適したあかりは，それぞれ違うものであるから，その場所の使用目的を明確にすることによって，照明器具の選定を容易に行うことができる。また，光の明るさや広がり方，色合い，器具のデザインを変えることで，周囲の雰囲気をがらりと変えてしまうことが可能であり，空間の演出を自在に変えることができるのも照明の特徴である。照明設備は，電気からエネルギーを得て発光しているので，屋外で使用する場合は防雨形，浴室などでは防湿や防水形の器具を使用しなければ器具の寿命が極端に短くなったり漏電や感電の危険がある。そのため取付け場所に応じた器具の選定も必要となる。

図3－3　照明器具の種類と取付け場所の例

3－2 ランプの種類

　住宅で使用される照明の光源としてのランプには，白熱灯，蛍光灯，LEDなどがあり，それぞれの利点に応じて使用されている。

白熱灯は，一般にはフィラメント自身が流れた電流で発光するので，暖かみのある色合いが特徴である。点灯中はかなりの熱を放出する*し寿命が短いが，電気の種類（交流，直流）や周波数を問わず，取り付ける口金が合えば，どの明るさのタイプでも取付け可能である。また電圧を変化させることにより自在に調光が行える。なによりも，構造が単純なので安価である。

　蛍光灯は，ガラス管の内面に塗布された蛍光物質に，放電により発生した紫外線が反射して発光する仕組みであり，蛍光物質により白色や昼光色，電球色といったいろいろな色を演出させることが可能である。白熱灯に比べ，少電力でそれほど熱を持たず寿命が長いという利点がある。各々の明るさに応じた専用器具や周波数に合った器具を使用しなければならない点や，低温時には規定の明るさになるまでチラつきが発生したりして時間がかかる等の欠点があるが，今ではそれらを改善したインバータータイプの器具に対応したランプもある。

　LEDランプは，光源に発光ダイオードを使用することにより，蛍光灯よりさらに省電力，低発熱，長寿命であるなど，非常に効率が優れているのが特徴である。しかし，住宅の照明器具としては，価格，色調・演色性，雑音発生，調光機能の限定，光源の広がり方等たくさんの改良の余地があり，白熱灯や蛍光灯の代替までに至る製品になっていないが，これらの問題が解決されれば，主役となるランプである。

　今でも多くの家庭では，白熱灯と蛍光灯が共存して使用されている。しかし地球温暖化防止対策や省エネルギー対策により，国は白熱灯から蛍光灯型ランプやLEDランプへの転換を図る方針で，既に多くのメーカーが白熱電球の生産を終了しており，テレビのブラウン管と同様，将来は姿を消すことになるだろう。

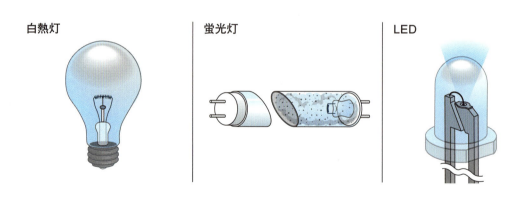

図3－4　ランプの種類

＊　昔は，白熱灯が熱を発することを利用して，井戸用ポンプの凍結防止用のヒーターの代わりとして取り付けられて使用されていた。

3-3 明るさの単位

　光の明るさを示す単位として，国際単位系ではcd（カンデラ）が採用されている。cdとは光度のことで，その光のもつ強さを示す量を表しているが，我々が生活する上での照明器具の明るさを表す単位としては，強い弱いといった表現は合わないので，あまり使用されていない。

　住宅の照明器具として，白熱電球が一般的であった当時は，明るさを表す目安として，従来からW（ワット）が用いられていた。このWは，電球の消費電力そのものを表しており，Wの数値によって，明るさが感覚的にわかりやすいものであった。蛍光灯が，普及し始めてからもそのまま採用していたが，次第に，省エネ技術が進み，同じ明るさでも消費電力が少なくてすむようになり，LED電球が出回るようになると，消費電力の差がありすぎて，Wで表すことがなじまなくなった。そのため，Wに代わる明るさを表す指標として，lm（ルーメン）という単位での表記をするようになった。

　lmとは光束のことで，発光体（ランプ）そのものから放たれる光の量を表している。光には，人の目で見えるものと，赤外線や紫外線のように目で見えない光があり，lmは人の目で見える視覚的な明るさの感覚を基準としている。

　また，lx（ルクス）という表記もされるが，これは照度のことで，放たれた光の量が，ある程度離れた場所での面の明るさを示す単位として使用される。同じlmのランプでも取り付けた器具の形状により，数値が異なってくる。

　建築設備としては，室内の適切な明るさを確保する上で，室内の床面での照度［lx］の値がJIS Z 9110 - 2010「照明基準総則」で定められており，照明器具取付け後に，照度計を使用して，明るさを確認する。

表3-3　照度の目安

照度[lx]	居間	書斎	子供室・勉強室	応接室(洋間)	座敷	食堂	台所	寝室	家事室・作業室	浴室・脱衣室・化粧室	便所	階段・廊下	納戸・物置	玄関(内側)	玄関(外側)門	車庫	庭
1000	手芸裁縫								手芸裁縫ミシン								
750		勉強読書	勉強読書														
500	読書	VDT作業						読書化粧	工作VDT作業								
300										ひげそり化粧洗面				鏡			
200	団らん娯楽		遊びコンピューターゲーム	テーブルソファ飾り棚	座卓床の間	食卓	調理台流し台		洗濯								パーティー食事
100		全般	全般	全般	全般		全般		全般	全般				靴脱ぎ飾り棚			
75	全般					全般					全般						
50								全般						全般			
30												全般	全般		表札・門標新聞受け押しボタン	全般	
20																	
5															通路		テラス全般 通路
2								深夜				深夜			防犯		防犯

(JIS Z 9110 - 2010 より作成)

第4節　昇降設備

　昇降設備とは，エレベーターやエスカレーターなど，人や物品を移送する設備のことである。ホテルやレストランの厨房で，上層階へ配膳に使用される荷物専用の小型エレベーターは，ダムウェーターという。

4-1 エレベーター

　エレベーターは，商業施設やオフィスビル，高層マンションなどではおなじみであるが，最近はバリアフリー化（高齢者・障害者対応）で2階建ての建物でも，当たり前のように設置されることが増えた。戸建住宅用のホームエレベーターも以前から販売されているが，まだまだごく少数で，普及するまでには至っていない。

　以前は，エレベーターの構造は，一切外部からは見ることができなかったが，最近の商業施設などでは，エレベーターそのものがガラス張りになっていることがあり，内外からエレベーターの構造が見え，仕組みをある程度知ることができる。

　エレベーターの駆動方式には，ロープ式，油圧式，リニアモーター式などがあるが，ロープ式が主流である。

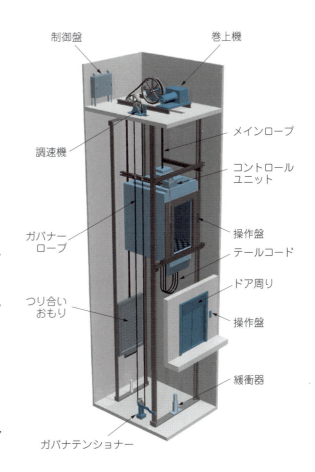

図3-5　ロープ式エレベーターの基本タイプの構造

4-2 エスカレーター

　エスカレーターは，主に上下階の移動に使用されるが，長い廊下などで，動く歩道とよばれるような水平方向に移動するタイプもエスカレーターに分類される。また，エスカレー

ターには，屋外に使用できるタイプもある。エスカレーターは，エレベーターと違い戸建住宅に使われることはまずない。

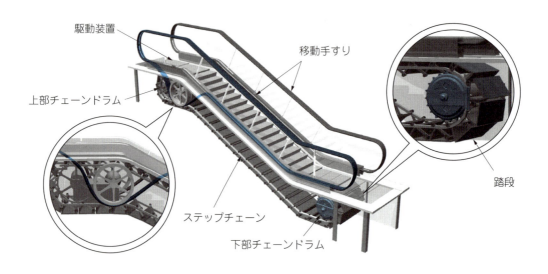

図3-6　エスカレーターの基本構造（上部駆動式）

　昇降設備は，建築基準法の厳格な規制を受ける設備であり，安全に関しては，特に二重三重の安全に対する配慮が求められ，定期的な点検整備および年1回の定期検査を行うよう義務づけられている。

第5節　情報通信設備

　以前は電気通信設備といわれ，主役はアナログ回線の固定電話であり，そこに内線電話やFAX，インターホンを含めて構成されていた。ISDNやADSL*などのデジタル通信網が普及し始めると，携帯電話やインターネットなどあたらしい通信手段が用いられるようになった。そのため「一家に1台の固定電話」は，あまり利用されなくなり，「一人1台の携帯電話」に取って代わられている。そして無線技術が進歩し，現在では電話，FAX，インターネット，インターホン，TV受信，LAN，Wi-Fiなどのすべてが融合された形で，情報通信設備といわれるようになった。また，CATVや光ファイバーなどの高速通信網の発達によって，情報量の伝達速度やデータ送受信容量も，年々飛躍的に向上している。戸建住宅の場合は，情報通信設備に防犯設備も組み込まれ，ホームセキュリティという形で進化している。

＊　ADSL：既設の電話回線を利用したデータ通信システムのことで，CATVや光通信網が発達していない地域では，未だに主流である。

5−1 電話設備

　電話は，音声通信ができる設備のことである。電話機本体に電話線を接続し番号ボタンを押して話す固定電話と，携帯電話のように無線を使用し，移動しながら話せるタイプがある。元々電話は国営事業であり，旧日本電信電話公社が業務を担い，連絡手段が電話や電報，もしくはアマチュア無線などに限られていた当時は，家庭では固定電話回線を引くことが一般的であった。

　電話回線には，一般の公衆電話で使用されるアナログ回線と，ISDNのような多重通話通信ができるデジタル回線がある。アナログ回線は，電話機をそのまま接続すれば通話できるようになるが，デジタル回線の場合は，ターミナルアダプタを設置して，アナログ変換しなければ通話ができない。電話線は，電柱から保安器＊を通して室内に引き込まれ，一筆書き状に各部屋へ配線して，端末接続用のモジュラージャックを設置することにより，1回線3台まで電話機を設置できる。しかしながら，一人に1台以上の携帯電話の普及に伴い，固定電話の設置はメリットがなく減少傾向にあり，FAXなどのデータ通信兼用になっているのが現状である。

　FAXは，正式にはファクシミリといい，画像をデジタル化して相手先に送り，デジタル化したものをもとに復調して画像として復元している。文書であっても，一つひとつを点としてデータ化しているので，データ通信とよんでいる。

＊　保安器：電話線に異常な電圧や電流が流れたときに，保安器を通して，地面に逃がすことによって，機器を保護する役目をしており，電話会社と加入者との責任境界線も兼ねている。ちなみに，アナログ回線は，48Vの直流電圧がかかっているので，通話機能だけの電話機は，電源不要である。

5−2 インターホン設備

　インターホンは，玄関と室内間での呼び出し通話に使用される機器で，電話と同じ通話機能から，内線通話，来客者の映像を録画する機能のついたテレビドアホンまで様々な種類がある。さらに遠隔操作機能や防犯，防災設備と連動して機能するタイプもあり，これらは「ホームセキュリティシステム」として進化している。

5−3 TV 受信設備

　1953 年から始まったアナログ地上放送は，2011 年 7 月 24 日に停波となり（被災地県を除く），現在は，全て地上デジタル放送に変わっている。受信するためには，UHF アンテナを送信所に向けて立てるか CATV に加入して受信するかの方法がある。以前，都市部で使用されていた VHF アンテナは，使用できない。アナログとデジタルは互換性がないので，テレビを見るにはデジタル専用の受信機が必要である。

　また，衛星放送を受信するには，パラボラアンテナの設置が必要となる。衛星放送には放送衛星から送信される BS 放送と，通信衛星から送信されている CS 放送があり，この 2 つの衛星の位置は離れているので，受信するためにはそれぞれの方向にアンテナを向けて，設置しなければならない。放送衛星は，山奥の山村など地形的条件で地上デジタル放送が視聴できない地域でも受信できるので，そういった難視聴地域のために地上放送の電波も送信されている。

　アンテナと受信機を結ぶアンテナ線は，必ず同軸ケーブルかフィーダー線を使用し，ケーブルを途中で分けるときは，分岐器か分配器を使用する。それ以外のケーブルを使用したり，ケーブルを直接分岐すると映像が正常に流れないことがある。

5−4 CATV 設備（ケーブルテレビ）

　CATV は，元々山間部や都市部の建物などで TV 電波障害が発生して視聴できない世帯に，共同 TV アンテナを設けて，そこから有線ケーブルを該当世帯に配線して視聴できるようにするための設備であった。しかし，現在では，ケーブルに多量の情報通信を送受信できる強みを生かし，ケーブルテレビ会社が難視聴地域にかかわらず，一般の家庭向けに地上放送や衛星放送などの多くのチャンネルを放送したり，さらにインターネットや電話まで提供するサービスを行っている。戸建住宅にとっても屋根に TV アンテナやパラボラアンテナを設置する必要がないため，引き込む家庭も多い。

5−5 光ファイバー通信設備

　光ファイバー通信は，その名の通り光ファイバーで情報通信の信号を送っている。従来の銅線のケーブルよりも細く，ノイズの影響を受けず長距離でも劣化損失が少ない上に，何百倍もの情報量の伝達と通信速度の速さが利点であり，新しいインフラとして全国的な通信網へ広がりつつある。家庭では，インターネットはもとより TV 放送や電話と一体となったサービスで供給される。光ファイバーは，建物に引き込まれてから光回線終端装置

に接続されて，そこで各通信に適合した信号に変換される仕組みである。

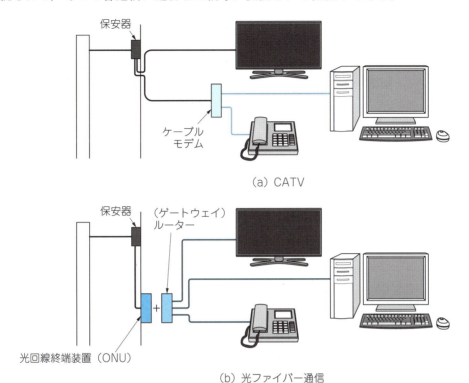

(a) CATV

(b) 光ファイバー通信

図3-7 住宅の情報通信設備の例

練習問題

(1) 交流単相3線式200Vの利点を述べよ。
(2) 漏電遮断器を設置する目的は何か。
(3) LEDのランプを使用した照明器具の利点を述べよ。
(4) 情報通信設備で，光ファイバー通信が使用される理由を述べよ。

第4章　空気調和設備

　空気調和設備とは，室内の空気環境（①温度　②湿度　③清浄　④気流）を良好に保つための設備の総称であり，空調設備と略してよぶことの方が多い。

第1節　空調設備

　快適な空気環境を保つために，換気設備，冷房設備，暖房設備等の空調設備を駆使し，4つの要素をコントロールしている。また，状況に応じて加湿機，除湿機，空気清浄機などの器具を用いる。日本は，地域や四季によって温度や湿度が常に変化しているため，いっそうの配慮が必要である。

温度：夏は空気を冷やしたり，冬に暖めたりして調節。
湿度：梅雨時に除湿，乾燥する冬には加湿をして調節。
清浄：空気中に浮遊している粉塵や花粉，ハウスダストを取り除く。最近は，においも取り除く。
気流：室内の空気をすみずみまで循環させる。

　4つの要素をコントロールするためには，まず，空気の特性を知る必要がある。それは，暖かい空気は軽く天井に上がり，冷たい空気は重く床に降りてくるということである。
　夏場，エアコンで冷やした空気は足下まで届くが，冬の暖房時は，上半身の方だけ暖かく，足下はあまり暖まらない。この時，いくら暖房を強力にしても，暖かい空気は，ひたすら天井付近に集まろうとするため，床下あたりまで降りてくることはない。このことは，特に天井設置形のエアコンでは顕著である。その場合，天井付近の暖かい空気を扇風機で攪拌し，気流をうまく活かして動かすことにより，室内の空気を強制的に循環させることで足下まで届かせることができる。ただし，気流が激しいとかえって不快になることがあるので，オイルヒーターやストーブのように，自然対流により部屋全体の気流をゆっくりと循環させることも有効である。設置する設備機器によって，空気の流れを読み取ることが空調のポイントである。
　表4－1に目安となる基準を示す。

表4-1　居室における空気の衛生基準

項　目	基　準　値
浮遊粉じんの量	空気 $1m^3$ につき 0.15mg 以下
一酸化炭素の含有量	0.001％以下
二酸化炭素の含有量	0.1％以下
温度	17℃以上 28℃以下 居室の温度を外気の温度より低くする場合は，その差を著しくしないこと
相対湿度	40％以上 70％以下
気流	0.5m/s 以下
ホルムアルデヒドの量	空気 $1m^3$ につき 0.1mg 以下

第2節　換気設備

　換気設備とは，室内の適切な空気環境を維持するために，室内の汚れた空気を屋外に排出し，新鮮な外気を室内に取り込むための設備のことで，屋外へ排出することを排気，外気を取り込むことを給気という。人は呼吸によって酸素を取り込み，二酸化炭素を排出するため，密閉状態で換気ができなければ，次第に室内の酸素がなくなり酸欠状態に陥ってしまう。以前の木造住宅は，開放的で風通しがよく，すきま風や室内外間の温度差で自然換気が行えていた。しかし現在の住宅は気密性能に優れ，自然換気が起こりにくいため送風機（換気扇）などにより，強制的に換気を行う機械換気の方法が取られる。

　換気にとって大切なことは，給気と排気のバランスを取ることである。たとえば換気扇で排気を行う場合は，排気量に見合うだけの給気口を確保しなければ，本来の換気性能が発揮されなくなるため注意が必要である。また，室内に取り入れた新鮮な空気が，偏ってしまい換気されない領域ができないように，建物全体に行き渡るような換気経路をしっかりと計画することが大切である。戸建住宅では，住宅全体の換気を行う全般換気と，トイレの臭気や浴室の湿気，キッチンの燃焼ガスやにおいを排出する目的で使用される局所排気の両方を，うまく組み合わせて換気を計画する。全般換気は希釈換気ともいわれ，室内の空気を徐々に入れ換えていく方式である。局所換気は置換換気ともいわれて，ピンポイントで短時間のうちに，空気を入れ換える方式である。

　最近の住宅は，新築リフォームを問わず，気密性や断熱性が優れているため，建材や家具製品などから発生する化学物質やハウスダストなどの汚染物質が，室内に滞留して人体に悪影響を及ぼしていると問題になった（シックハウス症候群[*]）。そのため2003年以降は，

---

[*]　**シックハウス症候群**：新築の建物やリフォームした家の室内にいるだけで体調不良を訴える人が増えたことから調査された。その結果，建物の気密性や断熱性能が上がったことにより，室内換気が不足して，室内で使用されている建材や家具などに使用されている接着剤から有害な化学物質が揮発して室内に滞留していることが原因の一部であることがわかった。

居室にも24時間連続換気ができる換気扇の設置が義務づけられ，少なくとも，1時間あたり室内の半分以上の空気を入れ換えることができるような機器を設置しなければならなくなった。

機械的に換気を行うには，次の方法がある。
第1種換気：室内取り入れは機械給気，排出も機械排気
第2種換気：室内取り入れは機械給気，排出は自然排気
第3種換気：室内取り入れは自然給気，排出は機械排気
戸建住宅では，第3種換気が主であるが，高気密高断熱住宅の場合は，第1種換気が理想である。

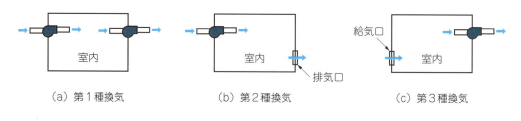

図4-1　機械換気の方式

2-1 換気扇

　換気を行うには，一般には標準換気扇やパイプファン，天井埋込形換気扇などがある。これらは基本的には，第3種換気といわれる自然給気，機械排気になる。標準換気扇は，外壁に四角い開口部を設けて，そこにはめ込むような形となり，主にプロペラファンが使われる。大風量の排出が行えるが，屋外の風が強いときなどは，ファンの排気が押し切れずに極端に風量が減ってしまう欠点がある。気密性の高い住宅には，不向きである。

　パイプファンは，一般換気扇の小型版で外壁に丸い穴を開けて，そこに取り付けるもので，トイレや浴室などの狭い場所の換気に使用される。天井埋込形換気扇は，ダクト換気扇ともよばれ，天井面に開口したところに取り付けて，ダクトによって外部へ排出されるタイプである。標準換気扇は，外壁に面したところでなければ取り付けできないが，ダクト換気扇は，部屋が真ん中にあっても，どこでも設置が可能である。ファンは，主にシロッコファンが内蔵されており，屋外の風やダクトの距離が長くても，安定した風量が確保できる。ダクト換気扇の中には浴室用として，浴室内の排気，暖房，乾燥（衣類乾燥）などの機能がついたバス換気システムもあり，新築住宅のユニットバスで多く使われる。

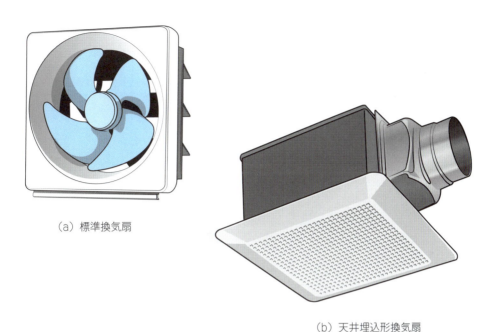

(a) 標準換気扇

(b) 天井埋込形換気扇

図4-2　換気扇のおもな種類

2-2 レンジフード

　流し台に設置されているレンジフードは，蒸気や油煙，調理のにおいを部屋に拡散させずに屋外に排気させるために設置されるが，本来の一番の目的は，燃焼ガスの排気である。コンロの多くは，ガスコンロが使用されているので，燃焼した排ガスが室内に充満するようなことがあれば，酸欠事故を引き起こすことになる。排気量に見合った十分な開口部を備えた給気の取入口をコンロのそばに設置する必要がある。電気や最近のIHヒーターなどは，室内の空気を燃焼する訳ではないので，酸欠の心配はない。

(a) センターフード形　　　　　　　　(b) 浅形

図4-3　レンジフードのおもな種類①

（c）深形

図4-3　レンジフードのおもな種類②

2-3 全熱交換器

　エアコンなどで，室内を冷暖房しているときに換気を行うと，せっかく冷えた空気や暖めた空気が，外部へ逃げてしまい熱効率の無駄が発生する。これを軽減するために，全熱交換器は，1台で給気と排気を同時に行い，かつ給気と排気の間で熱交換を行うことにより熱損失のロスを最小限に抑えることができる機能を備えている。冷房運転時には，低温低湿度の室内空気と高温高湿度の外気が，特殊和紙の間を通って直接接触することなく熱交換を行い，高温高湿度の外気を低温低湿度の外気として取り入れることができる。

　また，この機器は，飛行場や幹線道路周辺など，騒音がひどく窓を開けて換気ができない地域では，二重防音サッシと共に有効な換気装置として設置されている。

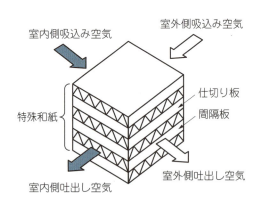

図4-4　全熱交換器

2-4 結露防止

冬,暖房を使用すると北側の部屋の壁や押し入れの中で,濡れてカビなどが発生することがある。また,窓には水滴がびっしりと付着しているのが確認できる。これらの現象は,室内の空気に含まれている水分が,室内外の温度差により水蒸気が放出されることによるもので,室内の気流循環が悪いと発生する。結露は,住宅の寿命を縮めるものなので,極力排除しなければならない。

結露の原因としては,
① 建物の断熱性能が悪く,室内の壁などの表面温度が低く露点温度以下になっている。
② 換気量が少なくて水蒸気量(絶対湿度)が高い。
③ 換気の方法が不適切で,発生した水蒸気が屋外に排出されずに他の部屋に移動する。
④ 外壁や床下の地面から冷えた空気が入り込み,水蒸気が室内へ透湿する。

結露防止のためには,建物の十分な断熱,壁体の防湿,水蒸気が発生しやすい場所に適切な換気を行うことが,不可欠である。

2-5 湿り空気線図

結露を防止するために参考となるのが,湿り空気線図である。空気は,乾き空気という全く水分を含んでいない空気(いわゆる湿度 0 %)があり,そこへ水分(水蒸気)が含まれていって湿り空気(湿度のある空気)とよばれる状態になる(雨天は湿度 100%)。このときの湿り空気の状態を示したのが,湿り空気線図であり,基本的に我々は湿り空気の中で生活をしているので,カラッとした空気やじめじめとした空気などの表現をする。

湿り空気線図には,乾球温度と湿球温度と露点温度,絶対湿度と相対湿度,エンタルピ,比体積の 7 つが表示されており,この中のいずれか 2 つの値がわかれば,後の 5 つが全てわかり,そのときの空気の状態がわかる仕組みである。

グラフは,横軸に乾球温度,縦軸に絶対湿度が取ってあり,右上がりの曲線は飽和水蒸気線(相対湿度)といっている。右斜めに下がった線が湿球温度と比エンタルピで,右斜め下に急激に下がっているものが比体積を表している。

湿り空気は,温度が下がると,飽和(湿度 100%)に達して水蒸気が凝縮する(空気中の水分が水滴に変わる状態)。これが結露であり,結露を始める温度を露点温度という。

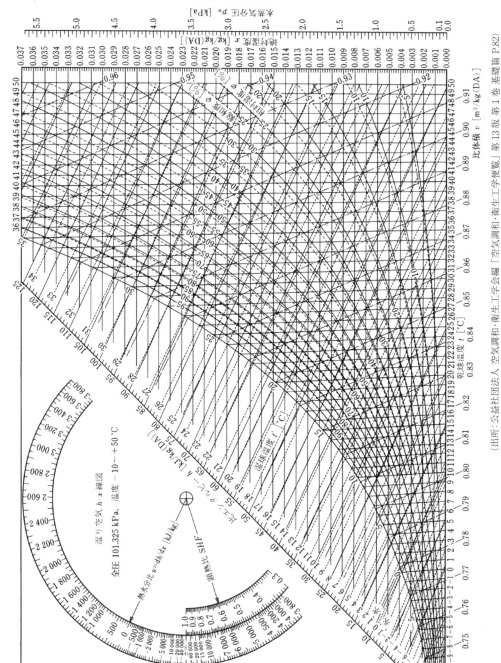

図4−5 湿り空気線図

(出所：公益社団法人 空気調和・衛生工学会編「空気調和・衛生工学便覧」第13版 第1巻 基礎篇 P.82)

第3節　冷暖房設備

　戸建住宅で冷房設備といえば，ルームエアコンである。夏は冷房装置としてクーラーがその代名詞であったが，ヒートポンプ方式エアコンが発売されてから，1台で冷暖房が可能になったので，冷房専用機であるクーラーの需要がなくなり，今は見かけなくなった。

　クーラーで空気が冷える仕組みは，圧縮・凝縮・膨張・蒸発という冷凍サイクルによるものである。冷房するということは，空気を冷やすときに空気中の水分を奪うことなので，結果，除湿を行っている場合と同じ状態になる。

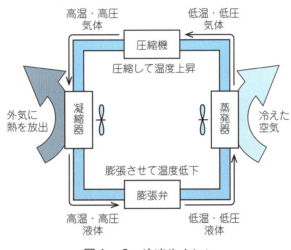

図4-6　冷凍サイクル

3-1 ヒートポンプ

　ヒートポンプとは，温度の高低差を利用して，熱を取り出す仕組みである。暖房時のエアコンは，寒い屋外の空気に含まれている熱を室外機で集め，その熱を冷媒という物質で室内まで運び，室内機で熱を放出することにより暖めている。

　熱は，水と同じように高い方から低い方へ流れる性質であるので，圧力が高い方から低い方へ移動していく。冬，屋外が寒く屋内が暖かい場合は，そのままでは室内に熱は移動しないが，冷媒の圧力を変化させることによって，室内側の圧力を室外側より低くすると，室外の熱は室内へ移動することになる。その移動の役目を冷媒がしており，これがヒートポンプの原理である。この原理は，クーラーの働きの原理（冷凍サイクル）と正反対のことをしているので，冷媒の循環する方向を逆にすることによって，1台で冷暖房が可能になるのである。

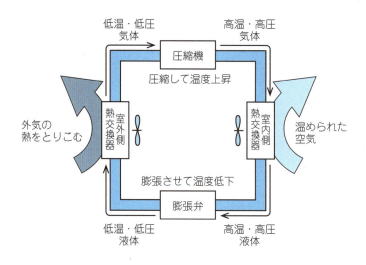

図4-7　ヒートポンプ

3-2 ルームエアコン

　冷暖兼用と年間を通じて使用できる機器であり，1部屋に1台の時代である。室内機と室外機に分かれたセパレート方式なので，取付け場所に制約はあまりないが，冷房使用時は，室内機からドレンが排出される。これは，空気中の水分が，冷やされたときに温度差で結露して，その水が出てくるためで，エアコンの風は，除湿された冷風であるといえる。ルームエアコンは，1時間に1.8L以上の冷えたドレンが排出されるため，室内排水管も結露する恐れがあるので，断熱が必要である。この水は純粋に空気の結露水なので中性水だが，室内の汚れを含んでいる。

　逆に，暖房使用時は室内機からはドレンは排出されないが，室外機は，熱交換器がヒートポンプサイクルのシステム上，氷結することがあるので，時折，それを溶かす機能（冷房運転を行う）が働いて，一気に室外機から溶け出した水が出てくる。

　ルームエアコンも省エネの最先端を進んでおり，20年前と比べ，同じ能力でも，電気消費量は1/3程度になっているが，トップランナー制度の適用を受けており，メーカーは，製造された年のモデルは，その年でしか製造販売ができなくなっている。

3-3 暖房設備

　暖房は，電気ヒーターによる発熱を利用したものから，石油・ガス・石炭・薪などを燃やした燃焼熱を利用したもの，冷媒ガスやCO_2によるヒートポンプサイクルを利用したものなど，冷房に比べてバリエーションが多い。しかし，設備というよりは可搬性のある

個別の器具を使用して室内を暖める形が主であるため，設備として成り立っているものは少ない。今では，ヒートポンプ式ルームエアコンの暖房で，安全に室内を暖められるが寒冷地では，エアコンでは十分な暖房能力を発揮することができず，従来からの石油やガスの大型ストーブ，ファンヒーターの方が，効率よくランニングコストも安く室内を暖めることができる。

　これらの燃焼による暖房装置は，換気設備に不具合があると死亡事故にもつながるので，とくに燃焼ガスが確実に屋外に排出できるよう，給排気筒などのいわゆるダクトによる換気設備の設置を確実に行うことが求められる。また，石油（灯油）の場合は燃料の補給も必要となるので，大型のタンクを屋外に設置して，室内の器具まで燃料配管を行うことにより，長時間の連続運転が可能になる。灯油や軽油の配管は，鋼管か銅管が用いられる。

　ガスや灯油を室内で燃焼させた場合は，水蒸気が発生するので乾燥の心配は不要だが，冬場のルームエアコンの運転は，室内が乾燥してしまう。そのため加湿器の併用が必要となるが，外の空気から水分を吸収して，加湿ができるエアコンもある。

　また，以前から住宅の居間などでは，電気カーペットを敷いている家庭がたくさんある。これは，足下からじんわりと暖められ，エアコンのように足下が寒くならずに，ダストを舞いあげない。これを設備化したものが，床暖房である。床暖房は，床に温水チューブまたは電気ヒーターを組み込み，床面全体から放射熱と熱伝導で暖める方式である。温水チューブの場合は給湯器で60℃の温水を供給し，それを循環させて暖める。電気の場合はランニングコストがかかるので，蓄熱材を使用して割安な深夜電力で暖めておく方法もある。床暖房は，ある意味理想的な暖房設備であるが，初期費用が高額なため，一般的な普及には至っていない。

第4節　空気清浄

　「温度・湿度」は，冷暖房設備でコントロールするが，「清浄」に関しては，空気清浄機が使用されている。かつては，換気によって新鮮な外気を取り入れることで行っていたが，都市部では大気汚染や花粉症が社会的問題になってから，うかつに窓を開けることさえできなくなり，機械的に汚染物質を除去する方法が取られるようになってきた。空気清浄機は，室内の空気の汚れを高性能フィルター（HEPAフィルター）で捕捉したり，様々な新しい技術により，集塵・分解するタイプがある。

　最近は，PM2.5＊という言葉が聞かれるようになったが，人間の健康に悪影響を及ぼす危険な物質でありながら大陸からの飛散ゆえ，簡単には防げるものではないため，PM2.5を除去できる空気清浄機の需要は，高まりつつある。

＊　PM2.5：2.5μm以下の微小粒子状の物質のこと（1μm = 0.001mm）。人間が，微小粒子状物質を吸い込むと健康への悪影響を引き起こす。日本で観測されるのは，ほぼ大陸からの飛散である。

練習問題

(1) 空調設備において,快適な環境を保つために必要な4つの要素をあげよ。
(2) 次の文章の中で,正しいものはどれか。
　1．換気は,室内の空気を入れ替えることが重要なので,排気量が大きいほど良い。
　2．トイレ換気は,第3種換気方式が一般的で,全般換気といわれている。
　3．レンジフードは,匂いや油煙の排気よりも燃焼ガスの排気が第一である。
　4．居室を冷暖房中は,熱が逃げないように,極力換気をしない方が良い。
　5．全熱交換器は,窓を密閉しても問題ない。
(3) 結露防止のために必要なことは何か。
(4) 冷凍サイクルの4つの要素を答えよ。

第5章 その他の設備

第1節 ガス設備

　ガスは，給湯器でお湯を作ったりお風呂を沸かしたり，調理に使用するコンロとして，あるいは部屋を暖める暖房器具などの熱源機器のエネルギーとして，使用されている。ガスには天然ガスを主な原料とした都市ガスと，プロパンやブタンを主な成分としたLPガスがある。

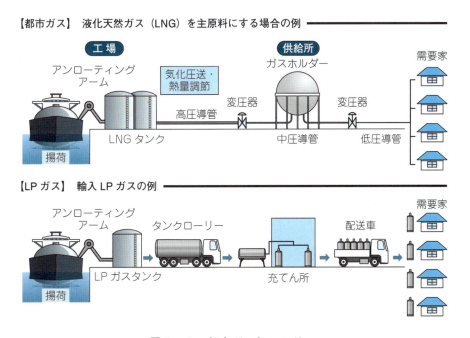

図5-1　都市ガスとLPガス

1-1 都市ガス

　都市ガスは，メタンを主な成分としたガスで，液化天然ガス（LNG）を調整したものを，水道と同じく道路下に配管を埋設して，ガスのまま導管によって各戸に供給する仕組みであり，主にガス事業者が都市部での供給を行っている。以前は，ガスの発熱量の違いにより多くのガス種が混在していたが，現在では12A・13Aといわれる種類にほぼ統一されつつある。また，同じ都市ガスであってもガス種が違うとガス機器は使用できない（12A・13Aは，ガスが同質に近いので器具は兼用できる）。

1-2 LPガス

　LPガスは，液化石油ガス（Liquefied Petroleum Gas）の略称で，通常は気体として存在している。LPガスは，圧力を加えることにより液体として圧縮し貯蔵することができるので，充てん所で容器に液体として詰め替えられたものを，ガス販売業者が各戸に定期的に巡回して，ボンベを交換供給する。

　住宅ごとに個別に設置完結されているため，災害が発生したときでも都市ガスに比べて，圧倒的に復旧が早いことと，可搬性に優れているため，そのまま容器を移動して使用できる利点がある。東日本大震災の際にも，改めてLPガスの災害時に強い優位性が確認された。

1-3 ガスの特徴

　火力は都市ガスよりもLPガスの方が強力で，必要空気量も違うので，都市ガスとLPガスの器具はそれぞれ専用の器具を使用し，兼用することはできない。ガス種の合わないガス器具を使用すると，正常な燃焼をせずに危険であり大事故につながる。

　ガスは本来無色・無臭なので，万が一ガス漏れが発生した際は，すぐに気づくように独特の匂いをつけている。また，ガスの比重が違うので，ガス漏れ警報器を設置する時は，都市ガスは天井面より30cm以内の高所に，LPガスは床面より30cm以内の低い場所に設置しなければ効果がない。

　都市ガスは，「ガス事業法」に基づき国の許認可料金制となっており，むやみに価格の改定はできないが，LPガスの販売は，一般の小売りと同じで自由に価格を設定できる。ガスの施工においては，都市ガスは民間のガス事業者が展開している事業なので，その地域のガス事業者の認定を受けた施工業者でなければ工事を行うことができないが，LPガスは，液化石油ガス設備士という国家資格を取得することにより，全国どこでも工事が可能である。

1-4 ガス配管

　ガスの配管は，配管用炭素鋼鋼管（SGP）という鋼管が使用されており，一般的に白ガス管ともよばれている*。近年は，道路埋設部分にはポリエチレン管が，屋内配管はステンレス製で塩ビ被覆のガス配管用フレキシブル管が使用されるようになり，鋼管の配管使用箇所は限定され，少なくなっている。現行の新築戸建住宅の場合は，ほぼフレキシブル管である。

＊　配管用炭素鋼鋼管には，鋼管に何も加工をしてない黒の原管と，管の内外面に溶融亜鉛めっきを施した管の2種類がある。溶融亜鉛めっき管は，耐食性に優れた鋼管としてガス用の配管材として広く使用されており，外観のメッキが白く見えることから原管の黒管に対して，白ガス管とよばれている。

第2節　消防設備

消防設備とは，火災等の災害が発生したときに，消火や避難活動を行うために必要な設備のことをいい，消火設備，警報設備，避難設備（器具），消火活動上必要な施設等がある。
消火設備は，消防設備の中で実際に火災を鎮圧するために用いられる設備のことをいう。

2-1 消防設備の種類

表5-1　消防設備の種類と消火方法

		種　類	消火方法
消防の用に供する設備	消火設備	消火器 水バケツ 水槽 乾燥砂 膨張ひる石又は膨張真珠岩	窒息，冷却，負触媒 冷却 冷却 窒息 窒息
		屋内消火栓設備 屋外消火栓設備 動力消防ポンプ設備 スプリンクラー設備 水噴霧消火設備 泡消火設備	冷却 冷却 冷却 冷却 窒息，冷却 窒息，冷却
		不活性ガス消火設備 ハロゲン化物消火設備 粉末消火設備	窒息 窒息，負触媒 窒息，冷却，負触媒
	警報設備	自動火災報知設備 ガス漏れ火災警報設備 漏電火災警報器 消防機関へ通報する火災報知設備 警鐘 非常ベル 手動式・自動式サイレン 携帯用拡声器 放送設備	
	避難設備	すべり台 避難はしご 救助袋 緩降機 避難橋 その他の避難器具 誘導灯 誘導標識	
消火活動上必要な施設		排煙設備 連結散水設備 連結送水管 非常コンセント設備 無線通信補助設備	
その他の設備			

消防用水	防火水槽 防火水槽に代わる貯水池 その他の用水	
その他	必要とされる防火安全性能を有する消防の用に供する設備等*1	パッケージ型消火設備・パッケージ型自動消火設備
	特定共同住宅における必要とされる防火安全性能を有する消防の用に供する設備等*2	共同住宅用スプリンクラー設備，共同住宅用自動火災報知設備 住戸用自動火災報知設備，共同住宅用非常警報設備，戸外表示器

*1　平成16年5月31日総務省令第92号
*2　平成17年3月25日総務省令第40号

　上記の消防設備はいずれも，木造などの居住住宅には縁遠いものばかりであるが，警報設備の中でも自動火災報知器設備の中にある火災報知器については，住宅用火災報知器の設置義務により，新築住宅においては平成18年6月1日より，既存住宅は平成23年6月1日までに，全家庭に設置が義務づけられた。これにより新築，既存を問わず住宅の寝室や階段室，地域によっては台所や居室にも設置しなければならなくなった。またガス漏れ火災警報設備についても家庭用ガス漏れ警報器があるが，こちらは任意の設置である。

　最近は，消火設備の中でもスプリンクラー設備については，住宅用スプリンクラー設備が，徐々に採用され始めようとしている。スプリンクラーは，火災発生時に天井に設置されたスプリンクラーヘッドから，自動的に水が放出され消火を行うので実績は十二分に認められている。しかし，従来の設備は専用の配管や水槽，加圧ポンプなど設備の設置費用や維持費が高額になるため，高層マンションなどの義務化されている場所以外では，一般住宅への普及は全く進んでいない状況であった。しかし昨今の住宅用スプリンクラー設備は，天井に給水管を迂回するルートで天井の途中にスプリンクラーヘッドを取り付けるシステムで，水道水の配管と圧力をそのまま利用して消火を行えるので，設置後の維持費がほとんどかからない利点がある。ヘッド付近の停滞水による水質汚濁の懸念があり，水道事業者より長らく許可されていなかったが，近年，停滞水にならない構造のヘッドが開発されてから，本格的に実用化され，グループホームなどの一般住宅形式の高齢者施設で，設置されるようになってきた。戸建住宅への普及はこれからである。

2−2　火災の消火の方法

　物が燃える条件は，「可燃物があること」，「酸素があること」，「点火源があること」で，この3つが，そろうことで燃焼が始まる。さらに，「継続的な連鎖反応があること」が加われば，燃焼し続けるということになる。逆にいえば，上の4つの条件のうちいずれかを

除去すれば，消火が可能である。火災は燃焼している可燃物の種類により，普通火災（A火災），油火災（B火災），電気火災（C火災），金属火災，ガス火災に分類される。これらを消火するためには，次の方法がある。

　除去消火法：可燃物を取り除いて消火する（希釈消火法も含む）。
　窒息消火法：燃焼に必要な酸素を遮断して消火する。
　冷却消火法：燃焼可燃物の温度を低下させて消火する。
　負触媒消火法：燃焼中の連鎖反応を，薬剤を散布することにより無力化して抑えることで消火する（化学的連鎖反応を断ち切るような負の触媒効果を与えて燃焼を抑制する）。

2-3 消火設備

　建築設備で直接関わる消防設備は消火設備であり，水系消火設備とガス系消火設備の2つがある。消火設備は，文字通り火を消すための設備である。

　消火設備の消火方法は，表5-1を参照のこと。表にも記載したとおり，水系消火設備には水を使用した冷却消火法と，泡の水溶液を利用して，工場や車両等の水で消火しにくい設備機器に対して行う窒息消火法がある。

　ガス系消火設備は，水の消火使用に向かない場所に使用され，ガスによる窒息消火法である。ガス系は窒息効果を狙ったものなので，人がいる場所で作動させると短時間で生命に危険を及ぼす恐れがあり，設置場所が限定される。

第3節　防犯設備

　住宅における犯罪の被害は，空き巣や強盗などの侵入窃盗，押し売りの居直り恐喝，不法侵入によるいたずらやストーカー行為などがあげられる。また，高齢者の一人暮らしを狙った詐欺行為も後を絶たない。そういった犯罪から身を守るために，住宅の防犯設備が強化されている。防犯設備の設置といえば，以前は金融機関や貴金属を扱う店舗が代表格であったが，今は同様なセキュリティシステムが一般の住宅にも採用されている。

　住宅の防犯設備
　訪問者・侵入者の確認
　　モニター付ドアホン，監視カメラ，センサーアラーム，センサーライト
　外部からの侵入を防ぐ
　　玄関　　補助錠の取付け，ピッキングに強くサムターン回し対策がされた錠前取付け，
　　　　　　オートロック，センサーアラーム

窓　　　補助錠の取付け，面格子の取付け，防犯ガラスに取替え，防犯フィルムの貼
　　　　　　付け，シャッター，センサーアラーム

　最近は，防犯設備を応用して，室内に居住している一人暮らしの高齢者の異常を察知し，自動的に通報することによって孤独死を防ごうとする安全対策としても使われ始めている。

第4節　その他の設備

　設備のエネルギーを全て電気でまかなうという電力会社が推進し続けてきたオール電化住宅は，東日本大震災の後，思わぬところで弱点を露呈させてしまい，エネルギーの一極集中の危険性を教えてくれた。ガス設備にしてもソーラーシステムでの給湯にしても，基本的には電気の手助けを必要とし，停電すると設備の機能は停止してしまうことになる。そのため，全てをインフラからの供給に頼らずに発電できる新世代のエネルギーシステムとして，太陽光発電と家庭用燃料電池が，注目を浴び始めている。

　太陽光発電システムは，昔からあるソーラーシステムのパネルを発電用電池パネルに置き換えたもので，太陽の光エネルギーを熱でなく電気に変えて供給をする。自然エネルギーをそのまま利用しており，廃出物が全くないのでまさにクリーンである。発電で余った電気は売電も可能であるが，自然を相手にするため，曇りの日や夜間などは外部からのエネルギーの供給を受ける必要がある。クリーンエネルギーで国や地方自治体も補助金を出すなど積極的にアピールをしているが，発電した電気を貯蔵する蓄電池技術が進歩しない限り，本格的な普及は難しい。

　家庭用燃料電池は，水素と空気中の酸素との化学反応を利用して発電を行い，電気や給湯を行う仕組みである。その場で作った電気をその場で使用するため，ロスが少なく太陽光のように自然環境を気にすることなく，24時間発電を行うことができる。現在は水素の供給をガスの成分の中から受けているので，ガス設備が必要である。実用化されて間もないため普及にはほど遠いが，これから10年20年後には，エネルギー供給の主役となる可能性がある。

練習問題

（1）次のかっこの中に適当な言葉を入れなさい。

　　熱源機器のエネルギーとして使用されているガスには，都市ガスとLPガスがあり，いずれも（a）・（b）であるが，ガス漏れがすぐにわかるように匂いをつけている。都市ガスの比重は，空気より（c）く，LPガスの比重は空気より（d）いので，ガス漏れ警報器を設置する際は，（e）ガスは，床面の低い位置に，（f）ガスは，天井近くに設置する。

（2）火災が発生してから，物が燃焼し続ける理由をあげよ。

（3）消火設備の中で，水を使用して消火する方法について簡単に述べよ。

（4）オール電化住宅の弱点とは何か。また，その弱点を補うため開発されている設備は何か。

第6章 次世代住宅

　現在の住宅は，自然の環境を無視して人工的に室内の環境を快適にしているに過ぎない。だからこそ，エネルギーをより多く消費し，地球温暖化や環境破壊を招く結果となり，省エネの促進や循環型社会への回帰が叫ばれるようになった。

　近年，気候の変動により，夏の猛暑日の更新，集中豪雨の長期化など過去に例を見ないような天候が発生し，屋外環境が劣悪になっていく中では，どうしても屋内環境を快適に保とうとするために，外気を遮断してエネルギーを消費して，外へ排出するという悪循環が続いている。外気を遮断する行為は，自然との共存を無視することにつながっていて，地球温暖化を招いている原因とわかっていながら，それを止めることは難しい。

　次世代住宅は，そういった反省点を元に「遮断＝閉じる」という行為だけでなく「開放＝開ける」という回帰的な技術も取り入れて，自然を利用しつつ共存を目指そうとしている。かつては，日本の風土に合わせた家造りが，各地方で独自にあったはずである。原点に戻って，地域環境に合わせた「閉じる」と「開ける」技術を使い分けることにより，本当の意味での環境に優しく，エネルギー効率の良い次世代住宅を実現させるために，新しい基準や仕様を設けて，可能な限りそれに近づけるあるいは上回る努力を今，必要としている。

練習問題の解答

第1章

（1）　×
（2）　×
（3）　○
（4）　×

第2章

（1）　クロスコネクションの禁止・逆流防止・停滞水の防止・ウォーターハンマの防止・耐圧，耐食，防食および耐寒性を有する性能
（2）　重力による自然流下であること。
（3）　a．水　b．50〜100　c．2つ以上　d．空気　e．通気

第3章

（1）　電線が3本なので，100Vと200Vの両方を取り出すことができる。
（2）　配線や電化製品が漏電したときにすばやく感知して，電気が切れて火災や感電事故を防ぐ役目をしている。
（3）　消費電力が少ない。発熱が少ない。寿命が長い。
（4）　光ファイバー通信は，従来の銅線を使用したケーブルに比べ情報量の伝達速度が飛躍的に早く，大容量のデータ送受信も同時に扱え，長距離でも劣化が少ないため。

第4章

（1）　温度，湿度，清浄，気流
（2）　1．×　2．×　局所換気　3．○　4．×　適度な換気が必要　5．○
（3）　建物に十分な断熱や壁体の防湿を行い，水蒸気が発生しやすい場所には適切な換気を行うこと。
（4）　圧縮，凝縮，膨張，蒸発

第5章

（1）　a．無色　b．無臭　c．軽　d．重　e．LP　f．都市
（2）　燃焼している物質が，可燃物である。その場所に酸素が常に存在している。継続的な連鎖反応を起こしている。
（3）　水を使用する消火方法は，冷却消火法とよばれ，燃焼している可燃物の温度を低下させることにより，消火を行うものである。
（4）　オール電化住宅は，インフラからの電気の供給を受けているため，停電時は全ての設備が使用できなくなる。その代役として，太陽光発電と家庭用燃料電池が注目されている。

● 執筆委員

兵頭　美夫
　　有限会社宇和建設工業　代表取締役
　　職業能力開発総合大学校非常勤講師
　　東京マイスター（配管工）

ベーシックマスター　よくわかる　建築設備　　　　　　　　　　　　　　　Ⓒ

平成 27 年 2 月 25 日　初 版 発 行　　　　　　　　定価：本体　800 円＋税
令和 4 年 3 月 10 日　 4 刷 発 行

　　　　　　　　　　　　　発行所　一般財団法人　職業訓練教材研究会
　　　　　　　　　　　　　　　　〒 162－0052
　　　　　　　　　　　　　　　　東京都新宿区戸山 1 丁目 15－10
　　　　　　　　　　　　　　　　電　話　03－3203－6235
　　　　　　　　　　　　　　　　Ｆ A X　03－3204－4724
　　　　　　　　　　　　　　　　Ｕ R L　http://www.kyouzaiken.or.jp

編者・発行者の許諾なくして本教科書に関する自習書・解説書若しくはこれに類するものの発行
を禁ずる。　　　　　　　　　　　　　　　　　　　　　　ISBN978-4-7863-1143-7